HEBRÄISCHE

GEBETE

Traditionelle hebräische Gebete mit
Transkription in lateinische Schrift,
deutscher Übersetzung und Erläuterungen

Gebetsanregungen für Christen mit Liebe zu Israel
und den jüdischen Wurzeln ihres Glaubens

ABIJA

Impressum

Zusammenstellung, Übersetzung, Transkription und Erläuterungen der Gebete: Abija

Kontakt: Abija-Buecher@gmx.de

Mit einem Gastbeitrag von Rabbiner Yitschak Naki aus Jerusalem. Der orthodoxe Rabbiner möchte eine Brücke zwischen Christen und Juden bauen. Er informiert in israeltreuen christlichen Gemeinden deshalb über Themen zu Israel, Tora und Judentum. Mehr Informationen und Kontakt über noameliezer@bezeqint.net.

Ein besonderer Dank gilt meiner wunderbaren Lektorin A. E. Erl.

Zweite Auflage
© 2017
Herstellung und Verlag: BoD – Books on Demand, Norderstedt.
ISBN: 9783746030234

Bibliografische Information der Deutschen Nationalbibliothek
Die Deutsche Nationalbibliothek verzeichnet diese Publikation in der Deutschen Nationalbibliothek; detaillierte bibliografische Daten sind im Internet über http://dnb.d-nb.de abrufbar.

INHALTSVERZEICHNIS

Abendgebete ab Seite 84

Sonstige Gebete ab Seite 93

רָחַשׁ לִבִּי דָּבָר טוֹב. אֹמֵר אָנִי מַעֲשַׂי לְמֶלֶךְ

Mein Herz fließt über vor einem guten Wort. Ich weihe mein Werk dem König. (Psalm 45)

VORWORT

Jeder praktizierende Christ kennt und nutzt alte jüdische Gebete: die Psalmen. Doch die Gebetsvielfalt des jüdischen Volkes ist noch weitaus größer und komplexer. Die Psalmen sind lediglich ein kleiner Teil davon.

Mit diesem Buch halten Sie einen Schatz in Ihren Händen: Sie finden hier ausgewählte, zum Teil über 2000 Jahre alte Gebete des jüdischen Volkes. Seit vielen Generationen wird der Gott Israels täglich mit diesen Gebeten von seinem Volk angebetet – bis heute.

Der Alltag orthodoxer Juden besteht aus einer Vielzahl von Gebeten, die den Tag bestimmen und die Gedanken immer wieder neu auf Gott ausrichten sollen – vom ersten Gedanken morgens nach dem Erwachen bis zum letzten Gedanken am Abend vor dem Einschlafen.

Einige der kostbaren überlieferten Gebete der umfangreichen jüdischen Gebetssammlung sind in diesem deutsch-hebräischen Gebetsbuch enthalten. Wer diese Gebete spricht, kann sich verbunden fühlen mit jüdischen Gläubigen auf der ganzen Welt, über unzählige Generationen hinweg. Möge das Buch seinen Lesern viel Segen bringen!

DIE GEBETSSPRACHE

Die hebräischen Gebete sind in diesem Buch jeweils erst in literarisch-bearbeiteter deutscher Übersetzung aufgeführt. Diese Übersetzung eignet sich für Beter, die diese Gebete in ihrer deutschen Muttersprache sprechen möchten. Der Talmud lehrt, dass Gebete natürlich in jeder Sprache gesprochen werden können - gleichwohl Hebräisch als heilige Sprache betrachtet wird.

Im Anschluss an diese literarisch-bearbeitete deutsche Übersetzung folgt das Gebet im hebräischen Originaltext, übertragen in lateinische Schrift. Damit können Beter, die der hebräischen Schriftzeichen nicht mächtig sind, diese Gebete auf Hebräisch sprechen. Die hebräischen Worte sind reich an verborgenen Bedeutungen und verschiedenen Nuancen. Das macht eine der Besonderheiten des Gebets in der Originalsprache aus.

Im Hebräischen wird in der Regel die letzte Wortsilbe betont. Ein „ej" wird in der vorliegenden Transkription nicht als „ei" sondern als Einzelbuchstaben e+j ausgesprochen.

Um die Bedeutung der einzelnen hebräischen Wörter besser zu verdeutlichen, ist jeder hebräische Satz direkt im Anschluss noch einmal übersetzt, diesmal allerdings ohne literarische Bearbeitung, so dass möglichst nahe am hebräischen Ursprungstext und Satzbau geblieben werden kann. Deshalb wurden hier auch teils eigenwillige Wortkonstruktionen entsprechend des Originaltextes übernommen.

Um den Charakter der hebräischen Sprache besser erlebbar zu machen, wurden dafür teilweise deutsche Sprachregeln missachtet.

Da in der hebräischen Schreibweise nicht in Groß- und Kleinschreibung unterschieden wird, ist bei der Wiedergabe in lateinischer Schrift hier ebenfalls durchgehend die Kleinschreibweise gewählt worden. Lediglich die Bezeichnungen für Gott und der Name Israel sind aus Respekt in Großschreibweise niedergeschrieben.

Die hebräische Sprache ist sehr logisch strukturiert, arbeitet mit vielen Vor- und Nachsilben und ermöglicht es so, Inhalte kurz und prägnant zu formulieren. Für die Übersetzung eines hebräischen Satzes in das Deutsche sind deshalb wesentlich mehr Wörter notwendig. So benötigt die hebräische Sprache beispielsweise für die Aussage: „um Deines Namens Willen" lediglich ein Wort: „lischma".

Im jüdischen Gebet taucht immer wieder die Wendung „baruch ata Adonai" auf. Wörtlich übersetzt bedeutet „baruch ata" eigentlich „gesegnet bist du". Damit ist allerdings nach Interpretation jüdischer Lehrer nicht gemeint, dass der Mensch Gott segnet (denn wie sollte ein Mensch Gott segnen können?). „Baruch ata" bedeutet viel mehr, dass Gott selbst der Segen ist. Dies soll zugleich höchste Dankbarkeit und Ehrerbietung ausdrücken. In der literarischen Übersetzung wurde deshalb für „baruch ata" in diesem Buch der Ausdruck „gepriesen bist du" gewählt.

Wo es zum besseren Verständnis des Gebets erforderlich ist, wurden Anmerkungen in kursiver Schrift eingefügt.

DER SIDDUR

Alle in diesem Buch enthaltenen Gebete sind im Siddur enthalten, dem jüdischen Gebetsbuch. Der Siddur gehört zu den wichtigsten Büchern im Judentum. Er ist traditionell das erste Buch, in dem jüdische Kinder in Israel lesen lernen.

Ablauf und Inhalt der überlieferten Gebete sind weltweit in jeder Gemeinde im Kern gleich, so dass ein Jude sich jederzeit überall auf der Welt einer jüdischen Gebetsgemeinschaft anschließen kann.

Bei der Aussprache und im Gebetsaufbau finden sich Unterschiede. Hier gibt es im Wesentlichen zwei Gruppen: die Aschkenazi, Juden mit europäischen bzw. osteuropäischen Wurzeln und die Sephardim aus dem spanischen bzw. arabischen Raum. Das vorliegende Gebetsbuch orientiert sich überwiegend am Siddur der Sephardim.

Gebetstexte, die sich im Siddur finden, wurden bereits in der Antike durch geistliche Führer Israels in der sogenannten "Großen Versammlung", der Ha-Knesset hagedola", formuliert. Seine Basis hat das jüdische Gebetsbuch damit bereits im fünften bis dritten Jahrhundert vor Christi Geburt. Weiter vereinheitlicht, strukturiert und festgelegt wurden die Gebete nach der Zerstörung des Tempels im Jahr 70 bis ca. 135 nach Christi Geburt vom Sanhedrin, dem jüdischen Hohen Rat. Da es zu dieser Zeit aber verpönt war, Gebetstexte niederzuschreiben, war es schwierig, die Einheitlichkeit zu bewahren.

Mit der Zeit setzte sich jedoch die Erkenntnis durch, dass die Bewahrung der Kultur, der hebräischen Sprache und der Gottesdienste langfristig für Gemeinden vor allem in der Diaspora nur möglich sein kann, wenn die alten Gebete schriftlich festgehalten und weitergegeben werden können.

Die Erfindung des Buchdrucks half der jüdischen Gemeinde bei der Vereinheitlichung der Gebetstexte ganz wesentlich. Der erste gedruckte Siddur stammt vermutlich aus dem Jahr 1475.

Der Siddur hat nicht zuletzt entscheidend dazu beigetragen, dass die hebräische Sprache mit der Gründung des heutigen Staates Israel von einer reinen Sakralsprache zu einer gesprochenen Alltagssprache wiederbelebt werden konnte.

GEBETE IM JÜDISCHEN ALLTAG

Das Judentum kennt im Alltag drei Hauptgebete: das Morgengebet Schacharit, das Mittags- bzw. Nachmittagsgebet Mincha und das Abendgebet Arbit. Mindestens zehn Beter sollten für diese drei Hauptgebete jeweils versammelt sein – ein Minjan.

Warum sollen es gerade zehn Beter sein? Diese Zahl basiert laut Überlieferung auf der Erzählung im 1. Buch Mose 18 ff: Als Gott gegenüber Abraham, dem ersten Juden, die Vernichtung der gewalttätigen, sündhaften Städte Sodom und Gomorra ankündigt, ringt Abraham Gott die Zusage ab, die Städte zu verschonen, wenn 50 Gerechte darin gefunden werden. Ermutigt von Gottes Entgegenkommen beginnt Abraham zu handeln: Ob nicht auch 45 Gerechte ausreichen? Vielleicht schon 40, 30 oder gar nur 20? Bis auf zehn Gerechte handelt Abraham seinen Gott schließlich herunter.

Gott willigt ein: Zehn Gerechte reichen aus, um eine ganze Stadt voller Bosheit und Gewalt vor dem Untergang zu bewahren – Gott ist kein Gott der Mehrheit. Die zehn Beter des Minjans stehen mit ihrer Gebetsgemeinschaft symbolisch für ihre Stadt ein und sollen Gott an seine Zusage erinnern.

Neben diesen drei Hauptgebeten gibt es viele weitere Gebete, die den Alltag eines gläubigen Juden begleiten. Zu den täglichen Gebeten gehören ein Morgenlob, das unmittelbar nach dem Erwachen gesprochen wird, verschiedene Gebete vor und nach dem Essen oder Trinken und sogar ein Gebet, das nach jedem Gang zur Toilette gesprochen wird.

DER NAME GOTTES

Der Name Gottes, der sich hinter den hebräischen Buchstaben Jod, He, Waw und He verbirgt, taucht im Siddur an vielen Stellen auf. Es ist der Name, mit dem sich Gott Moses vorgestellt hat (2.Mose 3,14ff). Diese Buchstabenkombination wird jedoch nicht gelesen. Stattdessen „liest" der Beter an diesen Stellen das Wort „Adonai" („mein Herr").

Weil „Adonai" als „Ersatzname" Gottes verwendet wird, gilt dieser Begriff als hochheilig. Außerhalb des Gebets ist die Verwendung der Bezeichnung „Adonai" deshalb üblicherweise nicht erwünscht. Damit soll eine unnütze Verwendung der Bezeichnung verhindert werden – was auch für die Gottes-Bezeichnung Elohim gilt. Auch hier ist die Benutzung dieser Gottesbezeichnung nur im Moment des Gebets vorgesehen, wobei es sich auch um ein gesungenes Gebet handeln kann.

Ansonsten wird in Gesprächen über Gott umgangssprachlich die Gottesbezeichnung „HaShem" benutzt, was wörtlich eigentlich nichts anderes bedeutet als „Der Name".

Um nichtjüdische Beter nicht zu verwirren, wurde an allen Stellen, an denen in einem Siddur die Buchstabenfolge Jod, He, Waw, He im Original steht, in der Lautschrift und in der Übersetzung der Begriff „Adonai" eingesetzt.

Der wahre Name Gottes laut 2.Mose 3,14 ff gilt übrigens als geheim und unaussprechlich. Die Buchstabenkombination lässt keinen Rückschluss auf die korrekte Aussprache zu. Denn da die hebräische Sprache eine Konsonantensprache ist, werden Vokale nicht geschrieben. So handelt es sich auch bei den vier hebräischen Buchstaben, die im 2. Mose genannt sind, lediglich um Konsonanten. Welche Vokale zwischen diese Konsonanten gesetzt werden, durfte laut jüdisch-orthodoxer Lehrmeinungen jeweils nur der Hohepriester erfahren, der auch als einziger berechtigt war, diesen Namen auszusprechen. Gemeinsam mit dem letzten Hohenpriester ging dieses Wissen verloren.

Aus Respekt vor dem Namen Gottes wird im orthodoxen Judentum nicht darüber spekuliert, welche Vokale wohl „passen" könnten. In orthodoxen Kreisen werden alle Rekonstruktionsversuche aus Respekt vor Gott strikt abgelehnt – und damit werden auch weder die Namen „Jahwe" noch „Jehowa" akzeptiert.

Unstrittig ist allerdings, dass die vier Konsonanten vom hebräischen Verb „sein" abstammen und der Name Gottes damit die Bedeutung von „Ich bin (da)" oder „Ich werde sein, der ich sein werde" hat.

GEBET UND MUSIK

Immer schon wurde Gott in der Geschichte Israels mit Musik und Liedern angebetet, von Männern genauso wie von Frauen. So griff beispielsweise Moses Schwester Mirjam zur Pauke und stimmte ein Loblied an zur Ehre Gottes, nachdem das Volk Israel den Ägyptern entkommen war (2. Mose 15.20). Zur Zeit des ersten und zweiten Tempels wurden besondere Festtage von den Kohanim mit rituell vorgeschriebenen Trompetenstößen begleitet (4. Mose 10.10).

Auch an Schabbat wird gesungen. Musikinstrumente zu spielen ist an diesem Tag jedoch verboten.

DIE KRAFT DES RITUELLEN GEBETS

Sind Gebete, die abgelesen werden, nicht nur leere Worte? Diese Frage ist gelegentlich zu hören. Doch ob ein Gebet nur aus leeren Worten besteht oder mit dem Herzen gebetet wird, hängt immer vom Beter selbst ab – gleichgültig, ob die Worte nun frei gesprochen oder abgelesen werden. Ziel des orthodoxen Beters ist es, sich auf jedes einzelne Wort der vorgegebenen Gebete zu konzentrieren, um es zum eigenen, innigen Reden mit Gott zu machen. Das gelingt sicherlich nicht jeden Tag. Doch auch, wer freie Gebete bevorzugt, wird solche unbefriedigende Momente kennen.

Die rituellen Gebete enthalten Lob, Dank und Bitten und sollen dem Beter helfen, sich während der Gebetszeit ganz auf die Ehrfurcht und Liebe zu Gott ausrichten zu können, ohne inhaltlich etwas zu vergessen. Die Gebete helfen außerdem, Gott zu preisen und zu danken, auch wenn der Beter gerade schwere Zeiten durchlebt und vielleicht keine eigenen Worte für Lobpreis und Dank finden könnte. Die jüdischen Gebete ermöglichen es, Treue zu zeigen, wenn sie auch an Tagen gesprochen werden, an denen man die Liebe Gottes nicht fühlt und den Eindruck hat, dass Gott fern ist.

Dieses „Durchbeten" der Stellen, die inhaltlich so gar nicht zur aktuellen Lebenssituation passen wollen, kann sich als besonders segensreich erweisen und tiefes Vertrauen und Liebe zu Gott ausdrücken.

Die regelmäßigen, über den Tag verteilten Gebete dienen außerdem dazu, den Beter immer wieder an Gottes Gegenwart zu erinnern. Der Tag wird mit Gott erlebt, ER ist gegenwärtig und ansprechbar in jedem Moment, an jedem Ort, für jeden, der seinen Namen anruft.

Auch im Judentum gibt es außerdem freie Gebete. Das eine muss das andere nicht ausschließen.

DER SCHMERZENSSCHREI

Ein Gastbeitrag von Rabbiner Yitschak Naki aus Jerusalem. Der orthodoxe Rabbiner hat sein Leben dem Ziel gewidmet, eine Brücke zwischen Christen und Juden zu bauen. Er informiert in israeltreuen christlichen Gemeinden über Themen zu Israel, Tora und Judentum. Mehr Info und Kontakt über noameliezer@bezeqint.net.

Ein Jude war auf einer Reise. Kurz vor Beginn des Schabbats erreichte er eine kleine Stadt. Er fand eine Herberge, doch dort gab es nur einen großen Schlafsaal.

Nun hatte der Jude ein Problem: Sein Glaube verbot es, Wertsachen an Schabbat mit sich herumzutragen. Doch sein Verstand sagte ihm, dass es nicht klug wäre, seinen Besitz während des Schabbats hier unbeaufsichtigt zu lassen.

Er beschloss, dem Rabbiner des Ortes einen Besuch abzustatten und ihn zu bitten, während des Schabbats die Wertsachen in seinem Haus zu verwahren.

Er klopfte an die Türe des Rabbiners. Die Frau des Rabbiners öffnete ihm, denn der Hausherr war bereits zum Gebet in die Synagoge gegangen. Der Reisende schilderte ihr sein Problem und sie kam seiner Bitte freundlich nach.

„Ich werde Ihre Wertsachen in unseren Safe einsperren, dort sind sie sicher", versprach sie. Zugleich lud sie den Reisenden zum Schabbatessen am Abend im Kreise ihrer Familie ein.

Der Mann nahm die Einladung gerne an und übergab der Frau sein Reisegeld. Danach ging er in die Synagoge, um die Schabbatgebete zu sprechen.

Als der Reisende die Synagoge betrat, traf er den Rabbiner im Gebet an: Der Rabbi schrie laut und weinte, mal mit klagender, mal mit fordernder Stimme. Dabei lief er hin und her in der Synagoge, wild mit den Armen gestikulierend.

Mit großem Unbehagen beobachtete der Reisende den lauten Rabbiner. Weil er sich unwohl fühlte in dessen Gegenwart, sprach er seine Gebete so schnell wie möglich und ging zurück zum Haus des Rabbiners.

Dort sprach er die Frau des Rabbiners auf die ungewöhnliche Gebetshaltung ihres Mannes an.

„Warum schreit und zappelt er beim Beten herum? Das ist doch wirklich nicht notwendig", kritisierte er.

„Mein Mann trägt seine Gebete mit ganzem Herzen vor", antwortete die Frau.

„Ich bete auch mit ganzem Herzen", wehrte der Reisende ab, „aber ich brülle trotzdem nicht herum wie ein Verrückter. Ich bete still, denn Gott ist schließlich nicht schwerhörig".

„Mein Mann trägt einen großen Schmerz in seinem Herzen, deshalb schreit er so zum Herrn", versuchte die Frau zu erklären.

„Ich trage auch manchmal einen großen Schmerz in meinem Herzen," erwiderte der Reisende, „aber trotzdem heule ich beim Beten nicht oder zapple herum".

„Als Rabbiner muss mein Mann für viele Menschen beten, deshalb betet er mit großer Hingabe und ganzem Einsatz", bemühte sich die Frau noch einmal um Verständnis bei ihrem Gast.

„Ich bete auch für viele Leute," kommentierte dieser, „aber ich schreie trotzdem nicht. Sie können mich nicht vom Sinn eines solchen Benehmens überzeugen. Ich kann solch eine Art zu beten nicht verstehen."

Die Frau seufzte: „Beten Sie, wie Sie es für passend halten, und lassen Sie meinen Mann so beten, wie er es für richtig hält."

Nach der Heimkehr des Rabbiners aß man gemeinsam das Schabbatmahl, ohne das Thema noch einmal zu erwähnen.

Am nächsten Tag, als Schabbat vorüber war, kam der Reisende wieder zum Hause des Rabbiners, um seine Wertsachen abzuholen. Die Frau des Rabbiners öffnete die Türe und begrüßte ihn freundlich.

„Schalom, danke für das gute Essen gestern Abend. Ich bin gekommen, um mein Reisegeld abzuholen", sagte der Mann zu ihr.

„Es war sehr schön, dass Sie den Schabbatabend bei uns verbracht haben", entgegnete die Frau. „Aber ich kann mich nicht daran erinnern, dass sie irgendwelche Wertsachen bei uns gelassen hätten. Sie müssen sich in der Adresse irren".

„Ich kam doch an Ihre Türe vor Schabbat und habe Sie gebeten, auf mein Geld und meine Wertgegenstände aufzupassen", meinte der Mann überrascht, „erinnern Sie sich nicht daran?"

Die Frau schüttelte den Kopf: „Da müssen Sie etwas verwechseln. Sie haben bei uns gegessen, aber dagelassen haben Sie nichts".

Nun begann der Reisende, sich aufzuregen. Aber Sie müsse sich doch erinnern, bedrängte er die Hausherrin.

Nein, sie erinnere sich an nichts dergleichen, beharrte die Frau und wurde nun ihrerseits ungehalten. „So geht das ja nicht", rügte sie, „wir haben Sie zum Abendessen eingeladen und jetzt kommen Sie und verlangen auch noch Geld von uns".

Diese Reaktion ließ den Mann noch mehr aufbrausen, nun war es vorbei mit seiner Beherrschung. Mit lauter Stimme forderte er sein Geld zurück und unterstrich seine Forderung mit energischen Armbewegungen. „Lassen Sie diese Spielchen!", schrie er. „Mein Zug fährt gleich ab und ich will jetzt sofort meine Wertsachen!"

„Sie müssen mich nicht anschreien," wies ihn die Frau des Rabbiners gelassen zurecht, „ich bin schließlich nicht schwerhörig".

Doch der Mann brüllte weiter: „Sie verstehen mich nicht! Mein Geld! Ich will mein Geld!".

„Warum brüllen und zappeln Sie hier denn so herum?", wunderte sich die Hausherrin. „Nehmen Sie sich ein Beispiel an mir. Ich schreie doch auch nicht".

Da stutzte der Reisende. „Ich schreie, weil ich einen großen Schmerz in meinem Herzen trage", antwortete er beschämt.

„Das kann ich gut verstehen", sagte die Frau des Rabbiners mit einem Lächeln, „man schreit, wenn man Schmerzen im Herzen trägt."

MORGENGEBETE

MODE ANI - Dank nach dem Erwachen

Das erste Wort aus dem Munde des Menschen und die ersten Gedanken am Morgen sollten Gott gelten, deshalb wird dieses Lob- und Dankgebet unmittelbar nach dem Erwachen gesprochen, noch bevor irgendetwas anderes geredet wird.

Dank nach dem Erwachen

Ich danke Dir, König, der in Ewigkeit lebt und regiert, dass Du mir meine Seele in Barmherzigkeit wiedergegeben hast. Groß ist Deine Treue.

Mode Ani

Mode *(Frauen sprechen: moda)* ani lefanejcha melech chai vekajam, schehechsarta bi nischmati bechemla, raba emunatecha.

Dankbar bin ich vor Dir, König, der lebt und in Ewigkeit besteht, dass Du mir meine Seele in Barmherzigkeit wiedergegeben hast. Groß ist Deine Treue.

BIRCHOT HASCHACHAR

Die Morgensegnungen

Dieses lange Gebet besteht im Kern aus einer Reihe von Segenssprüchen. Es wird häufig nach dem Frühstück gemeinsam in der Familie gebetet.

Die Morgensegnungen

Mein Gott, Du hast mir einst eine reine Seele gegeben. Du hast sie erschaffen. Du hast sie geformt. Du hast sie mir eingehaucht und Du behütest sie in mir. Du wirst sie eines Tages von mir nehmen und sie mir zurückgeben in der kommenden Zeit.

Ich danke Dir dafür, Adonai, mein Gott und Gott meiner Väter, Herr aller Schöpfung und Herr aller Seelen.

Gepriesen bist Du, Adonai, der toten Körpern die Seelen erneuert.

Gepriesen bist Du, Adonai, unser Gott, König der Welt, der es möglich macht, zwischen Tag und Nacht zu unterscheiden.

Gepriesen bist Du, Adonai, unser Gott, König der Welt, der sehend macht.

Gepriesen bist Du, Adonai, König der Welt, der Fesseln löst.

Gepriesen bist Du, Adonai, König der Welt, der den Gebeugten aufrichtet.

Gepriesen bist Du, Adonai, König der Welt, der uns mit Kleidung versorgt.

Gepriesen bist Du, Adonai, König der Welt, der den Müden stärkt.

Gepriesen bist Du, Adonai, König der Welt, der die Erde über den Wassern ausbreitet.

Gepriesen bist Du, Adonai, König der Welt, der meine Schritte lenkt.

Gepriesen bist Du, Adonai, König der Welt, der mir alles gibt, was ich benötige.

Gepriesen bist Du, Adonai, König der Welt, der Israel stärkt.

Gepriesen bist Du, Adonai, König der Welt, der Israel mit Herrlichkeit krönt.

Gepriesen bist Du, Adonai, König der Welt, dass Du mich nicht zum Sklaven erschaffen hast.

Gepriesen bist Du, Adonai, König der Welt, dass Du mich nach Deinem Willen erschaffen hast.

Gepriesen bist Du, Adonai, unser Gott, König der Welt, der mich aus dem Schlaf erwachen lässt.

Möge es Dein Wille sein, Adonai, mein Gott und Gott meiner Väter, dass Du mir hilfst, Deine Gebote zu beachten und mich fest machst an Deinem Wort. Halte Sünde und Ungerechtigkeit von mir fern und lasse mich nicht in den Einfluss der Versuchung geraten. Behüte mich vor Schande und vor der Neigung zum Bösen. Mache mich stattdessen fest in der Neigung zum Guten und hilf mir, Dir dienen zu wollen.

Schenke mir heute und an jedem kommenden Tag Gnade, Güte und Erbarmen in Deinen Augen und auch in den Augen aller Menschen, die auf mich blicken.

Lasse mir Gutes geschehen.

Gepriesen bist Du, Adonai, der seinem Volk Israel Gutes tut.

Möge es Dein Wille sein, Adonai, mein Gott und Gott meiner Väter, dass Du mich heute und an jedem Tag vor Arroganz bewahrst, vor meiner eigenen Arroganz ebenso wie vor der Arroganz eines bösen Mitmenschen. Bewahre mich auch vor böser Verstellung, vor bösen Freunden, vor bösen Nachbarn, vor bösen Ereignissen, vor Neid und bösen Wünschen. Bewahre mich vor böser Verleumdung, vor harten Richtern und Anklägern.

Schütze mich vor solchen harten und bösen Menschen, gleichgültig in welcher Beziehung sie zu mir stehen.

Gepriesen bist Du, Adonai, unser Gott, König der Welt, der uns gesegnet hat mit seinen Geboten und uns aufträgt, die Worte der Heiligen Schrift zu beachten. Bitte lasse uns, Adonai, unser Gott, die Schönheit Deiner Gebote erkennen, uns und Deinem Volk, dem Hause

Israel. Lasse uns und alle unsere Nachkommen in den folgenden Generationen Deinen Namen kennen und Deine Tora lernen.

Gepriesen bist Du, Adonai, der seinem Volk Israel Tora lehrt. Gepriesen bist Du, Adonai, unser Gott, König der Welt, der Israel auserwählt hat von allen Nationen und seinem Volk die Tora geschenkt hat. Gepriesen bist Du, Adonai, der die Tora schenkt.

Diese Worte sprach Adonai zu Mose: „Rede mit Aaron und seinen Söhnen und sage ihnen, so sollt ihr die Kinder Israels segnen. Sprecht: Adonai möge Dich segnen und beschützen. Der Herr möge sein Angesicht aufleuchten lassen über Dir und Dir gnädig sein. Adonai möge sein Angesicht zu Dir hin erheben und Dir Frieden geben. Und der Priester nenne meinen Namen über den Kindern Israels und ich werde sie segnen."

Birchot Haschachar

Elohaj, neschama schenatata bi tehora.

Mein Gott, die Seele, die Du gegeben hast in mich, ist rein.

Ata werata.

Du hast sie erschaffen.

Ata jezarta.

Du hast sie geformt.

Ata nefachta bi.

Du hast sie eingehaucht mir.

Veata meschamra bekirbi.

Und Du behütest sie in mir.

Veata atid litla mimejni velehachasira bi le-atid la-wo.

Und Du wirst sie in Zukunft von mir nehmen und sie mir zurückgeben in der kommenden Zeit.

Mode *(Frauen: moda)* ani lefanejcha Adonai elohaj, velohej awotai ribon kol hama-asim.

Dankbar bin ich vor Dir, Adonai, mein Gott und Gott meiner Väter, Herr aller Schöpfung.

Adon kol-ha-neschamot.

Herr aller Seelen.

Baruch ata Adonai, ha-machasir neschamot lifga-rim metim.

Gesegnet bist Du, Adonai, der toten Körpern Seelen erneuert.

Baruch ata Adonai, Elohejnu Melech ha-olam, ha-noten lasechwi bina le-hawchin bejn jom uwejn laila.

Gesegnet bist Du, Adonai, unser Gott, König der Welt, der dem Hahn das Wissen gibt, unterscheiden zu können zwischen Tag und Nacht.

Baruch ata Adonai, Elohejnu Melech ha-olam, po-ke-ach iwrim.

Gesegnet bist Du, Adonai, unser Gott, König der Welt, der Blinden Augenlicht gibt.

Baruch ata Adonai, Elohejnu Melech ha-olam, matir asurim.

Gesegnet bist Du, Adonai, unser Gott, König der Welt, der befreit die Gebundenen.

Baruch ata Adonai, Elohejnu Melech ha-olam, sokef kefufim.

Gesegnet bist Du, Adonai, unser Gott, König der Welt, der aufrichtet die Gebeugten.

Baruch ata Adonai, Elohejnu Melech ha-olam, mal-bisch arumim.

Gesegnet bist Du, Adonai, unser Gott, König der Welt, der bekleidet die Nackten.

Baruch ata Adonai, Elohejnu Melech ha-olam ha-noten la-jaef ko-ach.

Gesegnet bist Du, Adonai, unser Gott, König der Welt, der gibt dem Müden Stärke.

Baruch ata Adonai Elohejnu Melech ha-olam, roka Ha-arez al ha-majim.

Gesegnet bist Du, Adonai, unser Gott, König der Welt, der ausbreitet die Erde über den Wassern.

Baruch ata Adonai, Elohejnu Melech ha-olam, ha-mechin mizadej gawer.

Gesegnet bist Du Adonai, unser Gott, König der Welt, der vorbereitet die Schritte des Mannes.

Baruch ata Adonai, Elohejnu Melech ha-olam sche-asa li kol-zarki.

Gesegnet bist Du Adonai, unser Gott, König der Welt, der gemacht hat mir alles was ich brauche.

Baruch ata Adonai, Elohejnu, Melech ha-olam, o-ser Israel bigwura.

Gesegnet bist Du, Adonai, unser Gott, König der Welt, der gürtet Israel mit Stärke.

Baruch ata Adonai, Elohejnu Melech ha-olam, oter Israel betif-ara.

Gesegnet bist Du, Adonai, unser Gott, König der Welt, der krönt Israel mit Herrlichkeit.

Baruch ata Adonai Elohejnu Melech ha-olam, schelo asani awer.

Gesegnet bist Du, Adonai, unser Gott, König der Welt, dass Du mich nicht erschaffen hast als Sklaven.

Baruch ata Adonai Elohejnu Melech ha-olam, sche-asani kirzono.

Gesegnet bist Du, Adonai, unser Gott, König der Welt, dass Du mich erschaffen hast wie Du willst.

Baruch ata Adonai, Elohejnu Melech ha-olam, ha-ma-awir chewlej schena me-ejnaj utenuma meafa-pai.

Gesegnet bist Du, Adonai, unser Gott, König der Welt, der die Fesseln des Schlafes fortnimmt von meinen Augen und den Schlummer von meinen Augenlidern.

We-jehj razon milfanejcha Adonai Elohai we-lohai awotaj, schetargilejni betoratecha.

Und möge es Dein Wille sein, Adonai, mein Gott und Gott meiner Väter, dass Du mich gewöhnst an Deine Tora und mich fest machst an Deinen Geboten.

We-lo tewi-ejni lidej chete.

Und bringe mich nicht in den Einfluss von Sünde.

We-lo lidej aon.

Und nicht in den Einfluss von Ungerechtigkeit.

We-lo lidej nisajon.

Und nicht in den Einfluss der Versuchung.

We-lo lidej bisajon.

Und nicht in den Einfluss von Schande.

We-tarchikejni mjzer hara.

Und bewahre mich vor der Neigung zum Bösen.

We-tadbikejni bejzer hatow.

Und mache mich fest in der Neigung zum Guten.

We-chof et jzrei lehischta-bed lecha.

Und beuge meine Neigung, Dir zu dienen.

We-teneni ha-jom uwechol jom lechen uweleche-
sed welerachamim be-ejnejcha uwe-ejnej chol-ro-
ai.

*Und gebe mir heute und an jedem Tag Gnade, Güte
und Erbarmen in Deinen Augen und in den Augen aller,
die mich sehen.*

Wegamlejni chasadim towim.

Und gewährte mir gute Wohltaten.

Baruch ata Adonai gomel chasadim towim le-amo Israel.

Gesegnet bist Du, Adonai, der gute Wohltaten für sein Volk Israel gewährt.

Jehj razon milfanejcha Adonai, Elohai we-lohai a-wotaj sche-tazileni ha-jom uwechol jom we-jom me-asej fanim.

Möge es Dein Wille sein, Adonai, mein Gott und Gott meiner Väter, dass Du mich heute und an jedem Tag bewahrst vor Arroganz.

U-me-asut panim meadam ra.

Und vor der Arroganz eines bösen Menschen.

Mizer ra.

Vor böser Verstellung.

Mechawer ra.

Vor einem bösen Gefährten.

Mischachen ra.

Vor einem bösen Nachbarn.

Mipega ra.

Vor bösem Geschick.

Meajin ha-ra.

Vor bösen Augen.

Umilaschon ha-ra.

Und vor einer bösen Verleumdung.

Midejn kasche. Umi-ba-al dejn kasche.

Vor einer harten Gerichtsverhandlung und vor einem harten Ankläger.

Bejn schehu wejn berit. Uwejn sche-eino wejn be-rit.

Ob er zum Bund gehört (Jude ist) oder ob er nicht zum Bund gehört.

Baruch ata Adonai, Elohejnu Melech ha-olam, a-scher kideschanu bemizwotaiw we-ziwanu al diwrej tora.

Gesegnet bist Du, Adonai, unser Gott, König der Welt, der uns gesegnet hat mit seinen Geboten und uns ge-boten hat, die Worte der Tora zu beachten.

We-ha-arew na Adonai, Elohejnu et diwrei torate-cha befinu uwefifiot amcha bejt Israel.

Und bitte mache angenehm, Adonai, unser Gott, die Worte Deiner Tora in unseren Mündern und in den Mündern Deines Volkes, dem Haus Israel.

We-nihie anachnu we-ze-za-ejnu we-ze-za-ej ze-za-einju kolanu jode-j schemcha we-lomdej torate-cha lischma.

Und lasse uns, unsere Nachkommen und die Nach-kommen unserer Nachkommen, uns alle, Deinen Na-men kennen und Deine Tora lernen um ihrer selbst wil-len.

Baruch ata Adonai, hamelamed tora le-amo Israel.

Gesegnet bist Du Adonai, der seinem Volk Israel Tora lehrt.

Baruch ata Adonai, Elohejnu Melech ha-olam a-scher bachar banu mikol-haamim we-natan lanu et torato.

Gesegnet bist Du, Adonai, unser Gott, König der Welt, der uns auserwählt hat von allen Nationen und uns sei-ne Tora gegeben hat.

Baruch ata Adonai, noten ha-tora.

Gesegnet bist Du, Adonai, der die Tora gibt.

We-idaber Adonai el-Mosche le-mor:

Und es sprach Adonai zu Mose die Worte:

Daber el Aharon we-el banaiw le-mor ko twarechu et-beni Israel amor lahem:

Spreche zu Aaron und zu seinen Söhnen und sage: So sollt ihr segnen die Kinder Israels, sagt zu ihnen:

Je-wa-re-che-cha Adonai we-isch-me-re-cha.

Es möge dich segnen Adonai und er möge dich beschützen.

Ja-er Adonai panaiw elejcha we-jechunecha.

Möge der Herr sein Angesicht aufleuchten lassen über dir und gnädig sein zu dir.

Jsa Adonai panaiw elejcha we-jasem lecha schalom.

Möge Adonai sein Angesicht zu dir hin erheben und dir Frieden geben.

We-samu et-schmi al-beni Israel we-ani awarachem.

Und er (der Kohanim/Priester) nenne meinen Namen über den Kindern Israels und ich werde sie segnen.

ADON OLAM - Herr der Welt

Dieses Gebet, das im Original in Gedichtsform geschrieben ist, wird im ersten Teil der Morgengebete und zum Abschluss des Schabbat-Gottesdienstes gesungen oder gesprochen. Es ist ein Lobpreis auf den allmächtigen Gott, dem Schöpfer des Lebens, der die Welt als König regiert.

Herr der Welt

Er ist der Herr der Welt, der schon regierte, ehe alles Leben erschaffen war. Zu jener Zeit, zu Beginn der Schöpfung, wurde sein Name „König" und seine Herrschaft bereits verkündet, und die Herrschaft des Ehrfurchtsgebietenden wird auch noch nach dem Ende der Welt fortbestehen. Er ist der, der war und der ist und der sein wird in Herrlichkeit. Er ist der einzige Gott. Es gibt keinen anderen, niemanden, der mit ihm zu vergleichen oder mit ihm verbunden wäre. Er ist ohne Anfang und ohne Ende.

Sein sind die Stärke und die Herrschaft, nichts ist kostbarer als seine Gegenwart, mit nichts zu vergleichen. Er wechselt sein Sein nicht, es ist unveränderbar und nichts kann ihm entsprechen. Er ist mit niemandem und mit nichts verbunden, sein Sein ist ohne Teilung. Er ist groß an Kraft und Stärke.

Er ist mein Gott, mein Erlöser, ein Fels, der mich vor Schmerzen rettet in Zeiten der Not. Er ist mein Banner und meine Zuflucht. Er selbst ist mein Schicksal an dem Tag, an dem ich ihn anrufe.

Er ist der Arzt und er ist das Heilmittel. Er ist meine Vorsorge für die Zukunft und er ist meine Hilfe.

In seine Hand lege ich vertrauensvoll meine Seele, wenn ich schlafen gehe. Er gibt sie mir zurück, wenn ich erwache, und mit meiner Seele gibt er mir auch meinen Körper zurück.

Adonai ist mein Gott, deshalb fürchte ich mich nicht. In seinem Tempel möge meine Seele sich entzücken. Möge er seinen Messias bald senden. Dann werden wir im heiligen Haus singen.

Amen, Amen dem ehrfurchtsgebietenden Namen!"

Adon Olam

Adon Olam ascher malach.

Herr der Welt, der regiert.

Be-terem kol jezir niwra.

Ehe alles, das ist, erschaffen war.

Le-et na-asa wechefzo kol.

Damals, als gemacht wurde nach seinem Willen alles.

Asi Melech schmo nikra.

Da wurde sein Name KÖNIG verkündet.

We-acharej kichlot hakol.

Und nach dem Ende von allem.

Le-wado jmloch nora.

Er wird alleine regieren, der Ehrfurcht-Gebietende.

We-hu haja we-hu ho.

Und er war und er ist.

We-hu je-hje be-tif-ara.

Und er wird sein in Herrlichkeit.

We-hu achar we-ejn scheni.

Und er ist Einer und es gibt keinen zweiten.

Le-hamschilo we-lehachbira.

Der zu vergleichen ist mit ihm oder verbunden ist mit ihm.

Beli re-schit beli tachlit.

Ohne Anfang, ohne Ende.

Welo ha-os we-hamisra: beli erech beli dimion.

Und sein ist die Stärke und die Herrschaft: ohne Schätzbarkeit, ohne Vergleich.

Beli schinui we-temura

Ohne Wechsel und unveränderbar.

Beli chibur beli perud.

Ohne Verbundensein, ohne Teilung.

Gadol ko-ach we-gewura.

Groß in Kraft und Stärke.

We-hu Eli we-chai go-ali.

Und er ist mein Gott und mein lebendiger Erlöser.

We-zur chewli be-jom zara.

Und ein Fels, der mich rettet am Tage der Bedrängnis.

We-hu nisi u-manumi.

Und er ist mein Banner und meine Zuflucht.

Menat kosi be-jom ekra.

Mein Schicksal an dem Tag, an dem ich rufe.

We-hu rofe we-hu marpe.

Und er ist Arzt und er ist Heilmittel.

We-hu zofe we-hu esra.

Und er ist Vorausschauung und er ist Hilfe.

Be-jado afkid ruchi.

In seine Hand anvertraue ich meine Seele.

Be-et ischan we-a-ira.

Wenn ich schlafen gehe und erwache.

We-im ruchi guiati.

Und mit meiner Seele meinen Körper.

Adonai li we-lo ira.

Adonai ist mein und ich werde mich nicht fürchten.

Bemikdascho tagel nafschi.

In seinem Tempel möge sich entzücken meine Seele.

Meschichenu ischlach mehera.

Seinen Messias möge er senden bald.

We-as naschir be-weit kadschi.

Und dann werden wir singen im heiligen Haus.

Amen amen schem hanora.

Amen, Amen dem Namen ehrfurchtsgebietend.

SCHMA ISRAEL - Höre Israel

Das Schma Israel ist das jüdische Glaubensbekenntnis. Es wird mindestens zweimal täglich gebetet, als Teil des Morgen- und des Abendgebets und soll auch vom Sterbenden oder dessen Angehörigen am Sterbebett gesprochen werden. Viele jüdische Märtyrer sind mit diesem Glaubensbekenntnis auf den Lippen gestorben.

Während der erste Satz des Gebets gesprochen wird, bedeckt der Beter seine Augen mit der rechten Hand. Er sollte sich dabei bewusst machen, dass er mit diesen Worten das Königreich Gottes über seinem Leben akzeptiert. Er spricht damit sein Ja-Wort aus zur Herrschaft Gottes - auch über seine materiellen und immateriellen Besitztümer und Probleme.

Höre Israel!

*Hö*re Israel, der Herr ist unser Gott, der Herr ist einzig.

Und Du sollst den Herrn, Deinen Gott, lieben mit ganzem Herzen, mit ganzer Seele und mit all Deiner Kraft.

Diese Worte, die ich Dir heute auftrage, sollen in Deinem Herzen sein. Lehre sie Deinen Kindern und rede darüber, wenn Du zuhause bist, wenn Du unterwegs bist, wenn Du schlafen gehst und wenn Du morgens aufstehst. Binde Dir diese Worte als ein Zeichen auf deinen Arm und bringe sie zwischen Deinen Augen an, schreibe sie auf die Türpfosten Deines Hauses und auf Deine Tore.

Schma Israel!

Schma Israel Adonai Elohejnu Adonai echad.

Höre Israel, der Herr ist unser Gott, der Herr ist einzig.

Ve-ahavta et Adonai Elohejcha bechol lewawecha uwechol nafschecha uwechol meodecha.

Und lieben sollst du den Herrn deinen Gott mit deinem ganzen Herzen und mit deiner ganzen Seele und mit deiner ganzen Kraft.

Vehaju hadewarim haele ascher anochi mezawecha hajom al lewawecha.

Und es sollen diese Worte, die ich dir heute auftrage, in deinem Herzen sein.

Veschinantam lewanejcha vedibarta bam beschiw-techa beweitecha ubelechtecha baderech. Ube-schochbecha ubekumecha.

Und lehre sie deinen Kindern und rede über die Worte, während du in deinem Hause sitzt und während du auf deinem Weg gehst und wenn du zu Bette gehst und wenn du morgens aufstehst.

Ukeschartam le-od al jadecha vehaiu letotafot bejn ejnnejcha. Uchetawtam al mesusot beitecha uwischarejcha.

Und binde diese Worte als ein Zeichen auf deinen Arm und sie werden angebracht sein zwischen deinen Augen. Und schreibe diese Worte auf die Türpfosten deines Hauses und auf deine Tore.

AMIDAH – Anbetung vor Gottes Thron

Die Amidah ist der heiligste Part in den drei täglichen Hauptgebeten. Sie wird morgens, nachmittags sowie abends gebetet und trägt auch den Beinamen „Schemone Esre" („Achtzehn-Gebet"), weil sie ursprünglich aus 18 Segnungen bzw. Lobpreisungen bestand.

„Amidah" bedeutet „Standgebet". Ein Beter, der Amidah betet, soll sich vergegenwärtigen, dass er in diesem Moment direkt vor seinem König und Schöpfer steht. Dieses Gebet darf deshalb nur im Stehen gebetet werden und es soll sichergestellt sein, dass man in dieser Zeit von nichts und niemanden gestört wird - so wie man Vorsorge treffen würde, wenn man eine Audienz bei einem irdischen König wahrnehmen dürfte.

In der Amidah wird Gott auch nicht in der dritten Person angesprochen, wie in vielen anderen Gebeten und Psalmen üblich. Stattdessen gibt es die direkte Anrede: „ata" - du.

Aus Rücksicht auf Mütter, denen es schwer fallen dürfte, dreimal am Tag für Ungestörtheit zu sorgen, sind Frauen im Judentum von der Pflicht befreit, diese Hauptgebete täglich zu beten.

Es ist üblich, unmittelbar vor Beginn des Gebets drei Schritt rückwärts zu gehen, danach drei Schritte vorwärts. Diese Vorwärtsschritte symbolisieren das „vor Gott treten".

Anbetung vor Gottes Thron

Mein Gott, öffne meine Lippen, damit mein Mund Dein Lob verkünden kann.

Für den nächsten Vers gibt es einen Bewegungsablauf: Bei dem Wort „gepriesen" verbeugt sich der Beter von der Hüfte ab. Bei dem Wort „Du" senkt er dazu auch den Kopf. Bei „Adonai" richtet er sich wieder auf, erst den Oberkörper, dann den Kopf:

Gepriesen bist Du, Adonai, unser Gott und Gott unserer Väter, Gott Abrahams, Gott Isaaks und Gott Jakobs, der große Gott, der Starke und der Ehrfurchtsgebietende. Du, der höchste Gott, der uns seine gute Gunst schenkt. Du hast alles erschaffen. Du gedenkst der Frömmigkeit unserer Vorväter und Du wirst in Deiner Liebe einen Erlöser zu uns schicken, zu uns, den Kindern und Nachkommen derer, die auf Dich vertraut haben, um Deines Namens willen. Du bist der König, der hilft, der rettet und beschützt.

Für den nächsten Satz gibt es wieder einen Bewegungsablauf: Bei dem Wort „gepriesen" verbeugt sich der Beter von der Hüfte ab. Bei dem Wort „Du" beugt er dazu auch den Kopf. Bei „Adonai" richtet er sich auf, erst den Oberkörper, dann den Kopf:

Gepriesen bist Du, Adonai, Beschützer Abrahams.

Deine Macht bleibt bestehen bis in alle Ewigkeit, Adonai. Du schenkst Toten neues Leben. Du bist stark und errettest.

In den Sommermonaten von Frühling bis Herbst spricht man: Du lässt den Tau herabkommen.

Im Winter spricht man stattdessen folgenden Satz: Du lässt den Wind wehen und bringst Regen über das Land.

Du erhältst die Lebenden mit Liebe und schenkst den Toten neues Leben in Deiner übergroßen Gnade. Du richtest die Gefallenen auf, heilst die Kranken und befreist die Gefangenen. Wer im Staub liegt, dem bewahrst Du den Glauben.

Wer ist wie Du, Du Quelle aller Kraft? Wer gleicht Dir, König, der Leben nimmt, neues Leben schenkt und Rettung aufkeimen lässt? Du bist treu und führst die Toten zu neuem Leben.

Gepriesen bist Du, Adonai, der die Toten wieder belebt. Du bist heilig und Dein Name ist heilig und die Heiligen preisen Dich jeden Tag aufs Neue.

Gepriesen bist Du, Adonai, der heilige Gott.

Du schenkst dem Menschen Glauben und lehrst ihm Erkenntnis. Du schenkst uns aus Dir selbst heraus Weisheit, Verständnis und Glauben.

Gepriesen bist Du, Adonai, der den Glauben schenkt.

Hilf uns, Adonai, uns wieder Deiner Tora zuzuwenden. Hilf uns, Dir näher zu sein und Dir zu dienen. Hilf uns, in Reue zu Dir zurückzukehren.

Gepriesen bist Du, Adonai, der sich über Menschen freut, die zur Reue finden.

Vergib uns, unser Vater, denn wir haben gesündigt. Vergib uns, unser König, denn wir haben sogar willentlich gesündigt. Aber Du bist ein guter Gott und bereit, uns zu vergeben.

Gepriesen bist Du, Adonai, der im Überfluss vergibt.

Siehe auf unser Leiden und kämpfe Du unseren Kampf. Eile, uns zu erlösen, schenke uns eine vollkommene Erlösung, um Deines Namens willen. Du bist ein Gott, der Erlösung schenkt.

Gepriesen bist Du, Adonai, der Erlöser Israels.

Heile uns, Adonai, dann sind wir geheilt. Rette uns, dann sind wir gerettet, denn unser Lobpreis bist Du.

Schenke Erholung und Heilung von all unseren Krankheiten und von all unseren Schmerzen. Heile all unsere Wunden. Denn Du bist ein gnädiger und treuer Gott, der Heilung schenkt.

Gepriesen bist Du, Adonai, Heiler der Kranken des Volkes Israel.

> *Im Sommer spricht man nun folgende Passage:*
> Gepriesen bist Du, Adonai, unser Gott, für alles, was Du tust. Segne unser Jahr mit lebensspendendem Tau, mit Wohlwollen, Segen und Großzügigkeit. Mögest Du uns segnen mit Leben, Zufriedenheit und Frieden, so wie in den guten Jah-

ren, die Du gesegnet hattest. Du bist ein guter und segnender Gott. Gelobt bist Du, Adonai, der die Jahre segnet.

Im Winter spricht man folgenden Absatz: Segne uns, Adonai, unser Gott, segne dieses Jahr zum Guten und segne alles, was in diesem Jahr entsteht. Lege den Tau als Segen auf das Angesicht der Erde und schenke Regen. Bewässere das Angesicht der Erde mit Sorgfalt und befriedige die Bedürfnisse der ganzen Welt mit Deiner Güte. Fülle unsere Hände mit Deinen Segnungen und mit den großzügigen Geschenken aus Deinen Händen. Schütze und bewahre dieses Jahr vor allen bösen Ereignissen, vor allen Arten von Zerstörung und Drangsal. Schenke Hoffnung in diesem Jahr und lasse am Ende Frieden herrschen. Habe Mitleid und Gnade mit diesem Jahr, mit der Ernte und mit den Früchten. Wie Regen lasse Deine Gunst, Deinen Segen und Deine Großzügigkeit über uns sein. Und möge am Ende für uns Leben, Zufriedenheit und Frieden bereitet sein, wie in den guten Jahren, die Du gesegnet hast.

Denn Du bist ja ein guter und segnender Gott, Du segnest die Jahre.

Gepriesen bist Du, Adonai, der die Jahre segnet.

Blase in das große Horn, um unsere Freiheit zu verkünden. Erhebe ein Banner und sammle unsere Verstreuten. Sammle uns von allen vier Ecken der Erde und führe uns in unser Land.

Gepriesen bist Du, Adonai, der die Verstreuten seines Volkes Israels sammelt.

Setze unsere Richter ein, wie es am Anfang war und unsere Berater wie in ersten Zeit. Entferne von uns Kummer und Stöhnen. Regiere Du bald über uns, Du, Adonai, alleine. Regiere über uns in Güte, mit Barmherzigkeit, Rechtschaffenheit und mit gerechten Entscheidungen.

Gepriesen bist Du, Adonai, ein König, der Rechtschaffenheit und Gerechtigkeit liebt.

Lasse Ketzern und Verrätern keine Hoffnung auf Erfolg ihrer bösen Pläne. Alle Boshaften sollen verschwinden in einem Augenblick. All Deine Feinde und all Deine Hasser sollen entfernt werden. Die Wurzel des Bösen soll bald vernichtet werden, lasse sie verschwinden, bezwinge sie rasch, noch während unserer Lebenstage.

Gepriesen bist Du, Adonai, der Feinde besiegt und Ketzer fügsam macht.

Lege Deine Gnade, Adonai, unser Gott auf alle Gerechten, auf alle Frommen und alle Verbliebenen deines Volkes, dem Haus Israel, und auf alle, die von Dir lernen wollen, und auf alle, die sich von ganzem Herzen Deinem Volk anschließen. Schenke allen, die in Wahrheit auf Deinen Namen trauen, Deine gute Belohnung und verbinde den Anteil, den Du uns zugedacht hast, mit dem ihren. In Ewigkeit soll niemand beschämt sein, der auf Dich vertraut. In Wahrheit haben wir auf Deine große Güte vertraut.

Gepriesen bist Du, Adonai, der Du den Gerechten hilfst und ihre Zuversicht bist.

Lass Deine Gegenwart wieder in Jerusalem sein, Deiner Heiligen Stadt, so wie Du es versprochen hast. Errichte das Königreich Davids, Deines Dieners, in Bälde, so dass wir es noch erleben dürfen, und lasse es für alle Ewigkeit bestehen.

Gepriesen bist Du, Adonai, Erbauer Jerusalems.

Mögest Du den Messias bald erscheinen und seine Herrlichkeit offenbar werden lassen über allen, als Plan der Errettung, die Du schenkst. Denn wir hoffen jeden Tag darauf, dass Du uns Deine Errettung schenkst.

Gepriesen bist Du, Adonai, der die Herrlichkeit der Errettung erwachsen lässt.

Höre uns, Adonai, unser Gott. Mitfühlender Vater, habe Mitleid mit uns. Nimm unsere Gebete mit Mitleid und Wohlwollen entgegen. Denn Du bist doch ein Gott, der Gebete und Flehen erhört. Lasse uns nicht mit leeren Händen von Dir gehen, unser König. Sei uns gnädig, antworte uns und höre unsere Gebete. Denn Du beachtest ja die Gebete jedes Menschen.

Gepriesen bist Du, Adonai, der Gebet hört.

Sei gnädig, Adonai, unser Gott, mit Deinem Volk Israel und beachte die Gebete Deines Volkes. Setze den Dienst in Deinem heiligen Tempel wieder ein, entzünde wieder das Opferfeuer in Israel und höre die Gebete. Tue es bald und in Liebe nach Deinem Willen. Es soll der Dienst Israels, Deines Volkes, ein Wohlgefallen sein für Dich. Sei zufrieden mit uns und gewähre uns in Deiner übergroßen Gnade Deine Gunst. Lasse uns würdig sein für die Rückkehr in unser Land, dass wir Zion sehen dürfen in Gnade.

Gepriesen bist Du, Adonai, der wieder in Zion gegenwärtig sein wird.

Wir danken Dir, dass Du, Adonai, unser Gott und Gott unserer Väter bist und dass Deine Zusage bis in Ewigkeit gilt. Du bist unser Fels, der Fels unseres Lebens und Schild unserer Errettung.

Von Generation zu Generation danken wir Dir und verkünden Dein Lob, wir preisen Dich über unserem Leben, das in Deine Hand gegeben ist, und für unsere Seelen, die Dir anvertraut sind, und für all Deine Wunder, die wir jeden Tag erleben dürfen. Wir preisen Dich für all Deine Wundertaten und für Deine Güte, die ganz bei uns ist, abends und morgens und nachmittags. Du bist der Gute, Deine Güte hat kein Ende.

Du bist der Gadenvolle. Deine Güte endet nie. Für immer hoffen wir auf Dich. Für alle guten Gaben sei gelobt, erhoben und gepriesen Dein Name immerzu, unser König, bis in alle Ewigkeit. Alles Leben dankt Dir.

In Wahrheit soll Dein großer Name gepriesen und gelobt werden in Ewigkeit, denn er ist gut. Du bist der Gott unserer Errettung und unserer Hilfe.

Gepriesen bist Du, Adonai, Dein Name ist gut und es ist würdig und recht Dir zu danken.

Gewähre Frieden, Gutes und Segen, Leben, Gnade, Freundlichkeit und Güte über uns und über ganz Israel, Deinem Volk. Segne uns, unser Vater, uns alle wie eine Person. Segne uns mit dem Licht Deines Antlitzes.

Du gabst uns, Adonai, unser Gott, Tora und Leben, Liebe und Freundlichkeit, Gerechtigkeit, Gnade, Segen und Frieden. Lasse es in Deinen Augen wohlgefällig sein, uns zu segnen und segne Dein ganzes Volk Israel mit reicher Kraft und Frieden.

Gepriesen bist Du, Adonai, der sein Volk Israel mit Frieden segnet, Amen.

Lass die Worte meines Mundes und das Sinnen meines Herzens wohlgefällig sein vor Dir, Adonai, meine Stärke und mein Erlöser. Mein Gott.

Beschütze meine Zunge, damit ich keine bösen Worte spreche und bewahre meine Lippen davor, hinterlistig zu reden. Lass meine Seele stille sein vor denen, die mir fluchen.

Öffne mein Herz für Deine Weisungen und lege den Wunsch in meine Seele, Deinen Geboten zu folgen.

Mache die Pläne von Menschen zunichte, die mir Böses tun wollen und lasse ihre bösen Gedanken zerfallen.

Tue dies um Deines Namens willen. Tue dies zur Ehre Deiner rechten Hand. Tue dies Deiner Gebote zuliebe. Tue dies Deiner Heiligkeit zuliebe. Tue dies Deinen Geliebten zuliebe, damit sie ausruhen können. Errette mich mit Deiner rechten Hand und antworte mir.

An dieser Stelle spricht der Beter einen individuell gewählten Vers der Bibel, der mit dem ersten Buchstaben seines Vornamens beginnt und mit dem letzten Buchstaben seines Vornamens endet.

Mögen die Worte meines Mundes und das Sinnen meines Herzens Wohlgefallen finden vor Dir, Adonai, meine Stärke und mein Erlöser.

Nun endet die Audienz vor dem Thron Gottes. Der Beter verbeugt sich von der Hüfte an und geht drei Schritte rückwärts. Noch immer in gebeugter Haltung dreht er sich nun erst nach links und spricht in dieser Haltung:

Der Frieden schafft im Engelreich, ...

der Beter richtet sich auf, verbeugt sich zur rechten Seite und spricht dabei:

... er schaffe in seiner Gnade auch Frieden unter uns ...

der Beter richtet sich auf, verbeugt sich nach vorne und spricht dabei:

... und über sein ganzes Volk Israel ...

nun richtet sich der Beter auf und spricht:

und sprecht alle: Amen, so sei es.

Amidah

Adonai, schefatai tiftach. Ufi jagid tehilatecha.

Mein Gott, öffne meine Lippen. Und mein Mund wird Dein Lob verkünden.

(Für den nächsten Vers gibt es einen Bewegungsablauf: Bei dem Wort „Baruch" verbeugt sich der Beter von der Hüfte ab. Bei dem Wort „ata" senkt er dazu auch noch den Kopf. Bei „Adonai" richtet er sich wieder auf, erst den Oberkörper, dann den Kopf):

<u>Baruch</u> <u>ata</u> <u>Adonai</u>, Elohejnu, velohej awotejnu, Elohej Awraham, Elohej Izchak, ve-lohej Iakow, ha-el hagadol, hagibor vehanora, el elion, gomel chasadim towim.

Gesegnet bist Du, Adonai, unser Gott und Gott unserer Väter, Gott Abrahams, Gott Isaaks und Gott Jakobs, der große Gott, der Starke und der Ehrfurchtsgebietende, höchster Gott, der schenkt gute Günste.

Kone hakol, vesocher chasdej awot, umewi go-el liwnej wenejhem lema-an schmo beahawa.

Der alles geschaffen hat und der sich der Frömmigkeit der Väter erinnert und der einen Erlöser bringt zu den Kindern derer Kinder um seines Namens Willen mit Liebe.

Melech oser umoschia umagen.

König, der hilft und rettet und beschützt.

(Für den nächsten Satz gibt es einen Bewegungsablauf: Bei dem Wort „Baruch" verbeugt sich der Beter von der Hüfte ab. Bei dem Wort „ata" beugt er dazu auch den Kopf. Bei „Adonai" richtet er sich auf, erst den Oberkörper, dann den Kopf).

Baruch ata Adonai, magen Awraham.

Gesegnet bist Du, Adonai, Schutzschild Abrahams.

Ata gibor le-olam Adonai mechaie metim ata.

Du bist machtvoll bis in Ewigkeit, Adonai, Lebendigmacher der Toten bist du.

Raw lehoschia.

Stark um zu retten.

> *In warmen Monaten spricht man:* Morid hatal. *Der den Tau bringt.*

> *Im Winter:* Maschiw haruach umorid hageschem. *Der den Wind wehen lässt und den Regen bringt.*

Mechalkel chajim bechesed.

Der die Lebenden mit Liebe erhält.

Mechajie metim berachamim rabim.

Der wieder beleben wird die Toten in übergroßer Gnade.

Somech noflim, urofe cholim, umatir asurim, umekaim emunato lischnej afar.

Unterstützer der Gefallenen und Heiler der Kranken und Befreier der Gefangenen, und der den Glauben denen erhält, die im Staub schlafen.

Mi kamocha ba-al gewurot umi dome lecha, melech memit umechaje umazmicha jeschua.

Wer ist wie Du, Quelle aller Kraft, und wer gleicht Dir, König, der Leben nimmt und wieder belebt und Rettung aufkeimen lässt.

Vene-eman ata lehachaiot metim.

Und treu bist Du, die Toten wieder zu beleben.

Baruch ata Adonai mechaje hametim.

Gesegnet bist Du, Adonai, der die Toten wieder belebt.

Ata kadosch uschimcha kadosch.

Du bist heilig und Dein Name ist heilig.

Ukedoschim bekol jom jehalelucha sela.

Und die Heiligen preisen Dich an jedem Tag, sela.

Baruch ata Adonai hael hakadosch.

Gesegnet bist Du, Adonai, der heilige Gott.

Ata chonen leadam da-at.

Du schenkst dem Menschen Glauben.

Umelamed le-enosch bina.

Und lehrst den Menschen Verständnis.

Vechonenu mejtcha chochma bina uda-at.

Und schenke uns von Dir selbst Weisheit, Verständnis und Glauben.

Baruch ata Adonai chonen hadaat.

Gesegnet bist Du, Adonai, Schenker des Glaubens.

Haschiwenu awinu letoratecha.

Hilf uns zurückzukehren, Adonai, zu Deiner Tora.

Ukarwenu malkenu la-awodatecha.

Und bringe uns näher, unser König, um Dir zu dienen.

Uhachasirnu bitschuwa schelma lefanejcha.

Und hilf uns in Reue zu Dir zurückzukehren.

Baruch ata Adonai haroze bitschuwa.

Gesegnet bist Du, Adonai, der Reue will.

Selach lanu awinu ki chata-nu.

Vergibt uns, unser Vater, denn wir haben gefehlt.

Mechol lanu malkenu ki fascha-nu.

Vergib uns, unser König, denn wir haben willentlich ge-
sündigt.

Ki el tow usalach ata.

Denn ein guter Gott und vergebungsbereit bist Du.

Baruch ata Adonai chanun hamarbe lisloach.

Gesegnet bist Du, Adonai, der im Überfluss vergibt.

Re-e na be-onejnu uriwa riwenu.

Siehe auf unser Leiden und kämpfe unseren Kampf.

Umaher lena-alenu ge-ula schelma lema-an
schemcha.

Und eile uns zu erlösen mit einer vollständigen Erlö-
sung, um Deines Namens willen.

Ki el go-el chasak ata.

Denn ein Gott, der stark erlöst, bist Du.

Baruch ata Adonai go-el israel.

Gesegnet bist Du, Adonai, Erlöser Israels.

Refa-enu Adonai unerafe.

Heile uns, Adonai, und wir sind geheilt.

Hoschi-enu uniwaschea ki tehilatenu ata.

Rette uns und wir sind gerettet, denn unser Lobpreis bist Du.

Veha-ale arucha umarpe lechol tachaluejnu.

Und gib Erholung und Heilung für all unsere Krankheiten.

Ulechol mach-owejnu ulechol makotejnu ki el rofe rachman une-eman ata.

Und für alle unsere Schmerzen und für alle unsere Wunden, denn ein Gott der gnädig und treu heilt bist Du.

Baruch ata Adonai rofe cholej amo israel.

Gesegnet bist Du, Adonai, Heiler der Kranken des Volkes Israel.

Nur von Frühling bis Herbst:

Barechnu Adonai Elohejnu bechol-maasi jadejnu. Ubarech schenatnu betalelej razon beracha unedawa. Utehi acharita chaijm vesawa uschalom kaschanim hatowot liwrawa. Ki

el tow umemiw ata umewarech haschanim.
Baruch ata Adonai mewarech haschanim.

*Gesegnet bist Du, Adonai, unser Gott, für alles,
was Deine Hände machen. Und segne unser Jahr
mit Tau, mit Wohlwollen, Segen und Großzügigkeit. Und möge das Ergebnis Leben und Zufriedenheit und Frieden sein, so wie in den guten
Jahren, die Du gesegnet hattest. Denn ein guter
und segnender Gott bist Du und segnest die Jahre. Gesegnet bist Du, Adonai, der die Jahre segnet.*

Im Winter: Barech alejnu Adonai Elohejnu et
haschana hasot. Veet kol minej tewuata letowa. Veten tal umamar liwracha al kol penej
ha-adama. Urawe penaj tewel usaba et haolam kulo mituwach. Umale jadejnu mibircho-
tejcha umeoscher matnot jadejcha. Schomra
uhazila schana so mikol dawar ra. Umikol
minej maschchit umichol minej puranut.
Wease la tikwa tow uacharit schalom. Chum
verachem aleiha veal kol tewuata ufirotejha.
Uwarecha begschmi razon beracha unedawa.
Utehi acharita chajim usawa uschalom
kaschnim hatowot liwracha. Ki el tow umetiw
ata umewarech haschanim. Baruch ata Adonai mewarech haschanim.

Segne uns, Adonai, unser Gott, dieses Jahr, und alles, was in diesem Jahr entsteht, zum Guten. Und gebe Tau und Regen als Segen auf das ganze Angesicht der Erde. Und bewässere sorgfältig das Angesicht der Erde und befriedige die Bedürfnisse der ganzen Welt mit Deiner Güte. Und fülle unsere Hände mit Deinen Segnungen und den überfließenden Geschenken aus Deinen Händen. Schütze und rette dieses Jahr von allen bösen Ereignissen. Und von allen Arten von Zerstörung und von allen Arten von Drangsal. Und setze für das Jahr eine gute Hoffnung und lass am Ende Frieden sein. Habe Mitleid und Gnade mit diesem Jahr und mit all seiner Ernte und seinen Früchten. Und segne es mit Regen der Gunst und des Segens und der Großzügigkeit. Und möge am Ende Leben sein und Zufriedenheit und Frieden, wie in den guten Jahren, die Du gesegnet hast. Denn ein guter und segnender Gott bist Du und segne die Jahre. Gesegnet bist Du, Adonai, der die Jahre segnet.

Teka beschofar gadol lechrutenu.

Blase in das große Schofar, um unsere Freiheit zu verkünden.

Vesa nes lekabez galuiotejnu.

Erhebe ein Banner, um unsere Verstreuten zu sammeln.

Vekabeznu jachad me-arba kanfot ha-arez le-
arzenu.

*Und sammle uns zusammen von allen vier Ecken der
Erde in unser Land.*

Baruch ata Adonai mekabez nidchej amo Israel.

*Gesegnet bist Du, Adonai, der die Verstreuten seines
Volkes Israels sammelt.*

Haschiwa schoftejnu kewarischona.

Setze ein unsere Richter wie es am Anfang war.

Vejo-azejnu kewatechila.

Und unsere Berater wie in ersten Zeit.

Vehaser mimenu jagon veanacha umeloch aleinu
mehera ata Adonai lewadecha.

*Und entferne von uns Kummer und Stöhnen und regie-
re über uns schnell, Du, Adonai, alleine.*

Bechesed uwerachamim bezedek uwemischpat.

*In Güte und mit Barmherzigkeit und Rechtschaffenheit
und gerechten Entscheidungen.*

Baruch ata Adonai melech ohew zedaka umischpat.

*Gesegnet bist Du, Adonai, ein König, der Rechtschaf-
fenheit und Gerechtigkeit liebt.*

Laminim ulamalschinim al tehi tikwa vechol hasdejm kerega jowdu.

Für Ketzer und Verräter lass keine Hoffnung sein und alle Boshaften sollen verschwinden in einem Augenblick.

Vechol ojwejcha vechol sonejcha mehera jkartu umalchut harischa mehera teaker uteschaber utechalem utachnjem bimehera bejaminu.

Und alle Deine Feinde und alle Deine Hasser sollen schnell entfernt werden und die Wurzel des Bösen soll schnell vernichtet werden und lasse sie verschwinden und bezwinge sie rasch noch während unserer Lebenstage.

Baruch ata Adonai sower ojwim umachnia minim.

Gesegnet bist Du, Adonai, der Feinde besiegt und Ketzer fügsam macht.

Al ha-zadikim veal hachasidim veal scherit amcha bejt Israel.

Auf alle Gerechten und auf alle Frommen und alle Verbliebenen deines Volkes, dem Haus Israel.

Veal plitat bejt sofrihem.

Und auf alle übriggebliebenen Lernenden.

Veal geri hazedek vealejnu.

Und auf alle, die gerecht Konvertierten und auf uns.

Jehemu na rachamejcha Adonai Elochejnu veten sachar tow lechol habotchim beschimcha be-emet.

Es soll erwachen Deine Gnade, Adonai, unser Gott, und gebe gute Belohnung allen, die auf Deinen Namen in Wahrheit trauen.

Vesim chelkenu imahem.

Und verbinde unser Anteil mit ihnen.

Vele-olam lo newosch ki-wecha batachnu.

Und in Ewigkeit sollen wir nicht beschämt sein, denn auf Dich haben wir vertraut.

Veal chasdecha hagadol be-emet nischanenu.

Und auf Deine große Güte in Wahrheit haben wir vertraut.

Baruch ata Adonai mischan umiwtach lazadikim.

Gesegnet bist Du, Adonai, Unterstützer und Vertrauen der Gerechten.

Tischkon betoch Jeruschalajim ircha ka-ascher dibarta.

Lass Deine Gegenwart wieder sein in Jerusalem, Deiner Heiligen Stadt, so wie Du es versprochen hast.

Vechise Dawid awdecha mehera wetocha tachin uwene ota binjan olam bimehera wejamejnu.

Und das Königreich Davids, Deines Arbeiters, setze rasch dort ein und erbaue es für alle Ewigkeit in Eile in unseren Tagen.

Baruch ata Adonai bone Jeruschalajim.

Gesegnet bist Du, Adonai, Erbauer Jerusalems.

Et zemach Dawid awdecha mehera tazmicha ve-karno tarum bischuatecha.

Den Nachkommen Davids, Deines Arbeiters, mögest Du schnell gedeihen lassen und seine Herrlichkeit sich er-heben lassen in Deiner Errettung.

Ki lischuatecha kininu kol hajom.

Denn auf die Errettung durch Dich hoffen wir jeden Tag.

Baruch ata Adonai mazmicha keren jeschua.

Gesegnet bist Du, Adonai, der erwachsen lässt die Herrlichkeit der Errettung.

Schma kolnu Adonai Elohejnu.

Höre unsere Stimmen, Adonai, unser Gott.

Aw harachamin rachem aleinu.

Mitfühlender Vater, habe Mitleid über uns.

Vekabel berachamim uwerazon et tefilatenu.

Und akzeptiere mit Mitleid und Wohlwollen unsere Ge-
bete.

Ki el schomea tefilot utachanunim ata.

Denn ein Gott, der Gebete hört und Flehen, bist Du.

Umilfanejcha malkenu, rejkam al teschiwenu cha-
nenu wa-anenu uschma tefilatenu.

Und vor Dir, unser König, lasse uns nicht mit leeren
Händen gehen. Sei uns gnädig und antworte uns und
höre unsere Gebete.

Ki ata schomea tefilat kol pe.

Denn Du hörst Gebet von jedem Mund.

Baruch ata Adonai schomea tefila.

Gesegnet bist Du, Adonai, der Gebet erhört.

Reze Adonai Elohejnu be-amcha Israel velitfilatam
sche-e.

Sei gnädig, Adonai, unser Gott, mit Deinem Volk Israel
und beachte ihre Gebete.

Vehaschew ha-awoda lidwir bejtecha, veischej Israel, utefilatam, mehera be-ahawa tekabel bera-
zon, utehi lerazon tamid awodat Israel amcha.

Und setze wieder ein den Dienst im Heiligsten Deines Hauses (im Tempel), und das Feuer Israels (Feuer-Opfer) und ihre Gebete, in Bälde und in Liebe, akzeptiere sie nach Deinem Willen, und wohlgefällig sei Dir immer der Dienst Israels, Deines Volkes.

Veata berachamejcha harabim.

Und Du, in Deiner übergroßen Gnade.

Tachpoz banu utirzenu.

Sei zufrieden mit uns und gewähre uns Deine Gunst.

Vetechsejna ejnejnu beschuwcha lezion berachamim.

Und lasse unsere Augen wert sein unsere Rückkehr nach Zion zu sehen in Gnade.

Baruch ata Adonai hamachasir schechinato lezion.

Gesegnet bist Du, Adonai, der seine Gegenwart nach Zion zurückbringt.

(Bei den nun folgenden Worten „Modim anachnu lecha" beugt sich der Beter vorwärts von der Hüfte an. Bei den Worten „sche ata" beugt man zusätzlich auch den Kopf. Bei „Adonai" richtet man den Körper wieder auf):

<u>Modim anachnu lecha</u>, <u>scheata</u> hu <u>Adonai</u> Elohejnu velohej awoteinu leolam vead, zurenu zur chajejnu umagen jschenu, ata hu.

Wir danken Dir, dass Du es bist, Adonai, unser Gott und Gott unserer Väter bis in alle Ewigkeit, unser Fels, Fels unseres Lebens und Schild unserer Errettung, das bist Du.

Ledor vedor node lecha unesaper tehilatecha, al chajejnu hamesurim bejadecha, veal nischmotejnu hapekudot lecha, veal nisejcha schebachol jom i-manu, veal nefle-oteicha vetowotejcha schebechol-et, erew vaboker vezaharaim, hatow ki lo chalu rachamejcha.

Von Generation zu Generation danken wir Dir und ver-künden Deinen Lobpreis über all unseren Leben, die in Deine Hand gegeben sind, und über all unsere Seelen, die Dir anvertraut sind, und über alle Deine Wunder, die jeden Tag mit uns sind, und über alle Wundertaten und Deine Güte, die ganz bei uns ist, abends und mor-gens und nachmittags, der Gute, denn Deine Güte hat kein Ende.

Hamerachem ki lo tamu chasadejcha ki meolam kiwinu lecha.

Der Gadenvolle, denn nie endet Deine Güte, denn für immer hoffen wir auf Dich.

Veal kulam jtbarach vejtromam vejtnase tamid schimcha malkenu leolam vead.

Und über alle guten Gaben sei gelobt und erhoben und gepriesen immerzu Dein Name, unser König, bis in alle Ewigkeit.

Vechol-hachajim joducha sela.

Und alles Leben dankt Dir. Sela.

We-jehalelu vejwarechu et schimcha hagadol be-emet leolam ki tow, ha-el jeschuatenu ve-esratenu sela.

Und gepriesen und gelobt soll werden Dein großer Name in Wahrheit für immer, denn er ist gut, der Gott unserer Errettung und unserer Hilfe, sela.

(Bei dem nachfolgenden Wort „baruch" verbeugt sich der Beter wieder von der Hüfte ab. Bei dem Wort „ata" beugt er auch seinen Kopf. Bei „Adonai" richtet er sich wieder auf.)

<u>Baruch</u> <u>ata</u> <u>Adonai</u>, hatow schimcha ulecha na-e lehodot.

Gesegnet bist Du, Adonai, Dein Name ist gut und Dir ist Dankbarkeit angemessen.

Sim Schalom towa uweracha chajim chen vache-sed urachamim alejnu veal kol Israel amcha uwa-rechenu awinu kulanu ke-echad beor paneicha ki we-or paneicha natata lanu Adonai Elohejnu tora vechajim.

Gewähre Frieden, Gutes und Segen, Leben, Gnade und Freundlichkeit und Güte über uns und ganz Israel, Dein Volk; und segne uns, unser Vater, uns alle wie Einen mit Licht Deines Antlitzes; du gabst uns, Adonai, unser Gott, Tora und Leben.

Ahawa vechesed.

Liebe und Freundlichkeit.

Zedaka verachamim, bracha veschalom.

Gerechtigkeit und Gnade, Segen und Frieden.

Vetow be-ejnejcha lewarechenu ulewarech et kol amcha Israel berow-os veschalom.

Und gut in Deinen Augen lass es sein, uns zu segnen und segne dein ganzes Volk Israel mit reicher Kraft und Frieden.

Baruch ata Adonai hamewarech et amo Israel be-schalom amen.

Gesegnet bist Du, Adonai, der segnet sein Volk Israel mit Frieden, Amen.

Jehju lerazon imrej fi vehegion libi lefanejicha.

Es sei Dein Wille, dass die Worte meines Mundes und die Gedanken meines Herzens vor Dir sind.

Adonai zuri vego-ali. Elohai.

Adonai, meine Stärke und mein Erlöser. Mein Gott.

Nezor leschoni mera.

Beschütze meine Zunge vor Bosheit.

Vesiftotaj midaber mirema.

Und meine Lippen davor, hinterlistig zu reden.

Velimkalelaj nafschi tidom.

Und zu denen, die mir fluchen, lass meine Seele ruhig sein.

Venafschi ke-afar lakol tihje.

Und meine Seele wie Staub zu allem, was ist.

Petach liwi betoratecha.

Öffne mein Herz in Deiner Tora.

Veacharej mizwotejcha terdof nafschi.

Und nach Deinen Geboten lasse meine Seele nachlaufen.

Vechol hakamim alaj lera-a.

Und jeder, der aufsteht gegen mich, um Böses zu tun.

Mehera hafer azatam ukalkel machschwotam.

Rasch mache zunichte ihre Pläne und lasse ihre Gedanken zerfallen.

Ase lema-an schemcha.

Tue dies für Deinen Namen.

Ase lema-an jemincha.

Tue dies für Deine rechte Hand.

Ase lema-an toratecha.

Tue dies zuliebe Deiner Tora.

Ase lema-an keduschatecha

Tue dies zuliebe Deiner Heiligkeit.

Lema-an jechalzun jedidejcha.

Zuliebe, dass ausruhen können Deine Geliebten.

Hoschia jeminecha veaneni.

Rette mit Deiner rechten Hand und antworte mir.

(An dieser Stelle spricht der Beter einen individuell gewählten Vers der Bibel, der mit dem ersten Buchstaben seines Vornamens beginnt und mit dem letzten Buchstaben seines Vornamens endet).

Jheju lerazon imrej fi vehegion libi lefanejcha.

Mögen Gefallen finden die Worte meines Mundes und die Gedanken meines Herzens vor Dir.

Adonai zuri vegoalj.

Adonai, meine Stärke und mein Erlöser.

(Nun endet die Audienz vor dem Thron Gottes. Der Beter verbeugt sich von der Hüfte an und geht drei Schritte rückwärts. Noch immer in gebeugter Haltung dreht er sich nun erst nach links und spricht in dieser Haltung:)

Ose schalom bi-meromajw ...

Der Frieden schafft bei seinen Engeln ...

(Der Beter richtet sich auf, verbeugt sich dann zur rechten Seite und spricht dabei):

... hu werachamajw ja-ase schalom alejnu, ...

... er in seiner Gnade schaffe Frieden unter uns ...

(Der Beter richtet sich auf, verbeugt sich nach vorne und spricht dabei):

... veal kol-amo Israel ...

... und über sein ganzes Volk Israel ...

(Nun richtet sich der Beter auf und spricht):

... ve-imru amen.

und sage: Amen.

TEFILA LE-DAVID – PSALM 86

Psalm 86 gehört zu den traditionellen Morgengebeten, die im Schacharit enthalten sind. Da es bereits sehr gute, literarisch bearbeitete Übersetzungen dieses Psalms in deutschen Bibelausgaben gibt, ist nachfolgend nur die Transkription des hebräischen Originalgebets in lateinische Schrift mit Übersetzungshilfe aufgeführt.

Davids Gebet – Psalm 86

Tefila le-David hate Adonai osnecha aneni.

Gebet von David, neige, Adonai, Dein Ohr, antworte mir.

Ki ani vewion ani.

Weil arm und elend bin ich.

Schamra nafschi ki-chasid ani hoscha awdecha ata elohaj.

Beschütze meine Seele, denn fromm bin ich, hilf Deinem Knecht, Du bist mein Gott.

Habotcha elejcha.

Der vertraut Dir.

Choneni Adonai.

Sei mir gnädig, mein Herr.

Ki elejcha ekra kol-hajom.

Denn zu Dir rufe ich den ganzen Tag.

Samcha nefesch awdecha.

Erfreue die Seele Deines Knechts.

Ki elejcha Adonai nafschi esa.

Denn zu Dir, mein Herr, meine Seele erhebt sich.

Ki-ata Adonai tow vesalach.

Denn Du, mein Herr, bist gut und vergebend.

Veraw chesed lekol korejcha.

Und reich an Freundlichkeit zu allen, die Dich rufen.

Ha-asina Adonai tefilati.

Höre, mein Herr, mein Gebet.

Vehakschiwa bekol tachanunotaj.

Und lausche in die Stimme meiner Bitte.

Bejom zarati ekracha ki ta-anejni.

Am Tag meiner Not rufe ich Dich, denn Du antwortest mir.

Ejn-kamocha wa-elohim Adonai ve-ejn kma-asejcha.

Keiner ist wie Du unter den Göttern, mein Herr, und es gibt nichts, was ist wie Deine Werke.

Kol gojim ascher asita jawo-u vejschtachawu lefanejcha Adonai.

Alle Völker, die Du gemacht hast, werden kommen und sich niederwerfen vor Dir, mein Herr.

Vejchabdu lischmecha.

Und sie werden ehren Deinen Namen.

Ki gadol ata veose nifla-ot.

Denn groß bist Du und machst Wunder.

Ata Elohim lewadecha.

Du bist Gott alleine.

Horni Adonai darkecha ahalech ba-amitecha.

Lehre mich, Adonai, Deinen Weg, damit ich ihn gehe in Deiner Wahrheit.

Jached lewawi lejra schemcha.

Eine meine Sinne zu fürchten Deinen Namen.

Odecha Adonai Elohai bechol-lewawi.

Ich danke Dir, mein Herr, mein Gott, in all meinem Herzen.

Ve-achabda schimcha leolam.

Und ich ehre Deinen Namen ewiglich.

Ki chasdejcha gadol alaj.

Denn Deine Freundlichkeit ist groß an mir.

Vehizalta nafschi mischeol tachtia.

Und Du errettest meine Seele aus der Scheol (Eigenname für Hölle/Grab/Totenreich) tiefunten.

Elohim, serim kamu alaj va-adat arizim bikschu nafschi.

Mein Gott, die Frechen sind gegen mich aufgestanden und eine Rotte von Unterdrückern begehrt nach meiner Seele.

Velo samucha lengdam.

Und sie beachten Dich nicht.

Veata Adonai el-rachum vechanun.

Und Du bist der Herr, der Gott, der barmherzig ist und gnädig.

Erech apajim veraw chesed ve-emet.

Langsam im Zorn und reich an Freundlichkeit und Wahrheit.

Pene elaj vechoneni tena-usecha leawdecha.

Kehre Dich zu mir und sei gnädig zu mir und gib Stärke zu Deinem Knecht.

Vehoschia lewen-amatecha.

Und rette den Sohn Deiner Magd.

Ase imi ot letowa vejru snaj vejwoschu.

Schaffe an mir ein Zeichen zum Guten und es sehen meine Feinde und sind beschämt.

Ki-ata Adonai asartani venichamtani.

Weil Du, Adonai, mir hilfst und mich tröstest.

NACHMITTAGSGEBETE

Nachmittags beten jüdische Gläubige „Mincha". Alle nachfolgenden Gebete stammen aus der Mincha-Liturgie.

Wie beim Morgengebet und später beim Abendgebet, führen auch hier alle Gebete hin zum „Amidah".

Psalm 84

Dieser Psalm steht am Beginn der Nachmittagsgebete. Da es zu diesem Psalm bereits viele sehr gute literarisch bearbeitete Übersetzungen gibt, ist nachfolgend das Gebet nur in hebräischer Sprache in lateinischer Schrift mit Übersetzungshilfe aufgeführt.

Psalm 84

Lamenazcha al-hagitit. Liweni-korach mismor.

Mit dem Begleiter auf der Gittit (= ein altertümliches Saiteninstrument). Von den Söhnen Korachs ein Psalm.

Ma-jedidot misknotejcha Adonai Zewa-ot.

Wie lieblich sind Deine Heime, Adonai, Herr der Heerscharen.

Nichsfa vegam-kolta nafschi lechazerot Adonai.

Es bangt und auch lechzt meine Seele nach den Höfen Adonais.

Libi uwesari.

Mein Herz und mein Leib.

Jeranenu el-el chaj.

Sie rufen zu Gott, lebendig.

Gam zipor maz-a bajt uderor ken la ascher schata efrochej-a.

Auch ein Vogel fand ein Zuhause und eine Schwalbe ein Nest für sich, wo sie legte ihre Jungen.

Et misbechotejcha Adonai Zewa-ot.

Deine Altäre, Adonai, Herr der Heerscharen.

Malki velohai.

Mein König und mein Gott.

Aschrej joschwej wejtecha.

Glücklich, der sitzt in Deinem Hause.

Od jehalelucha sela.

Immer werden sie Dich preisen, sela.

Aschrej adam os-lo wecha.

Glücklich der Mensch, dessen Macht bei Dir ist.

Mesilot bilewawam.

Die wandern mit Herzen.

Owrej be-mek habacha ma-jon jschituhu.

Die hindurchziehen im Tal der Tränen, in eine Quelle werden sie es verwandeln.

Gam brachot jate more.

Auch mit Segen hüllt sie der Frühregen.

Jelchu mechajl el chajl.

Sie werden gehen von Kraft zu Kraft.

Jera el elohim bezion.

Sie werden sehen den wahren Gott in Zion.

Adonai Elohim Zewaot schim-a tefilati.

Adonai, Gott der Heerscharen, höre mein Gebet.

Ha-asina Elohej Jaakow sela.

Horch auf, Gott Jakobs, sela.

Magnenu re-e Elohim.

Unser Schild, sieh her, unser Gott.

Vehabet penej meschichecha.

Und erblicke das Angesicht Deines Messias.

Ki tow jom bachazrejcha me-alef.

Denn besser ist ein Tag in Deinen Höfen als sonst Tausend.

Bacharti histofef bewejt Elohaj.

Ich habe gewählt zu verweilen an der Schwelle im Hause meines Gottes.

Midur beahalej-rescha.

Statt in den Zelten der Bösen.

Ki schemesch umagen Adonai Elohim.

Denn Sonne und Schutzschild ist Adonai, Gott.

Chen vechawod jten Adonai.

Gunst und Ehre wird geben Adonai.

Lo-jmna tow laholchim betamim.

Er wird nicht versagen Gutes für die, die wandeln in Unschuld.

Adonai Zewaot.

Adonai, Herr der Heerscharen.

Aschrej adam botcha becha.

Glücklich ist der Mensch, der vertraut in Dir.

Poteach et-jadecha - Öffne Deine Hände

Diese Segensbitte sollte mit besonderer Konzentration gesprochen werden, während der Beter die Hände himmelwärts öffnet.

Öffne Deine Hände

Öffne Deine Hände und befriedige jedes Lebewesen nach seinen Bedürfnissen.

Gerecht ist Adonai in all seinen Wegen und gütig, in allem, was er tut. Gott ist allen nahe, die ihn in Wahrheit anrufen. Er wird den Willen derer tun, die ihn fürchten. Ihre Schreie wird er hören und er wird sie erretten. Adonai schützt alle, die ihn lieben. Alle Boshaften wird er vernichten. Mein Mund soll Adonai loben und alle Lebewesen sollen seinen heiligen Namen preisen in Ewigkeit.

Wir preisen Gott von jetzt an bis in alle Ewigkeit, Hallelujah!

Nimm mein Gebet an wie ein Räucheropfer, lass das Erheben meiner Hände wie das einst vorgeschriebene Nachmittagsspeiseopfer im Tempel vor Dir gelten. Achte auf mein Rufen, mein König und mein Gott, denn zu Dir bete ich!

Poteach et-jadecha – *Öffne Deine Hände*

Poteach et-jadecha umasbia lechol chaj razon.

Öffne Deine Hände und befriedige jedes Lebewesen nach seinen Bedürfnissen.

Zadik Adonai bechol derachaiw.

Gerecht ist Adonai in allen seinen Wegen.

Vechasid bechol ma-asiw.

Und gütig in allen was er tut.

Karow Adonai lechol-kore-aiw.

Nahe ist Adonai für alle, die ihn rufen.

Lechol ascher jkra-u-hu be-emet.

Für alle, die ihn rufen in Wahrheit.

Rezon-jer-aiw ja-ase.

Den Willen derer, die ihn fürchten, wird er tun.

Ve-et scha-uatam jschma vejoschi-em.

Und ihre Schreie wird er hören und wird sie retten.

Schomer Adonai et kol ohawaju.

Es schützt Adonai alle, die ihn lieben.

Ve-et kol hareschaim jaschmid.

Und alle Boshaften wird er zerstören.

Tehilat Adonai jedaber pi vejwarech kol-basar schem kadscho le-olam vead.

Den Lobpreis Adonais soll sprechen mein Mund und es soll loben alles Fleisch seinen heiligen Namen in Ewigkeit.

Va-anachnu newarech Jah me-ata vead-olam haleluja.

Und wir preisen Gott von jetzt und bis in Ewigkeit, Hallelujah.

Tikof tefilati ketoret lefanejcha, masat kapi minchat arew.

Nimm an mein Gebet wie ein Räucheropfer vor Dir, das Erheben meiner Hände wie das Nachmittagsspeiseopfer.

Hakschiwa lekol schawej malki ve-lohaj, ki elejcha etpalal.

Sei aufmerksam auf die Stimme meines Rufens, mein König und mein Gott, denn zu Dir bete ich.

Nun folgt zum zweiten Mal am Tag das jüdische Hauptgebet, die Amidah (siehe Morgengebete).

ABENDGEBETE

Das jüdische Abendgebet trägt den Namen „Arbit". Alle nachfolgenden Gebete sind der Arbit-Liturgie entnommen.

ADONAI ZEWA-OT

HERR DER HEERSCHAREN

Diese Verse werden zu Beginn des Arbits gesprochen.

Herr der Heerscharen

Adonai, der Herr der Heerscharen, ist mit uns. Der Gott Jakobs ist unser fester Halt. Adonai, Herr der Heerscharen, glücklich ist der Mensch, der Dir vertraut. Adonai, errette uns.

Der König wird uns antworten, wenn wir ihn anrufen. Und er, der vergebende Gott, wird uns unsere Missetaten vergeben. Er wird uns nicht vernichten. Er wendet seinen Ärger oft ab und sein Zorn wird sich nicht über uns erheben.

Adonai, errette uns.

Der König wird uns antworten, wenn wir ihn anrufen.

Gepriesen bist Du, Adonai, unser Gott, König der Welt, der durch sein Wort in seiner Weisheit den Abend he-

rankommen lässt. Öffne die himmlischen Tore mit Verständnis, der Du die Tageszeiten, Monate und Jahreszeiten wechseln lässt und den Sternen ihre Bahnen zu-
weist. Nach Deinem Willen hast Du die Ordnung und
den Aufbau des Universums festgelegt. Der Du Tag und
Nacht erschaffen hast, Licht auf Dunkelheit und Dunkelheit auf Licht folgen lässt. Der Du den Tag hervor-
bringst und die Nacht und unterscheidest zwischen Tag
und Nacht.

Adonai, Herr der Heerscharen, ist sein Name.

Gepriesen bist Du, Adonai, der die Abende hervorbringt.

Mit ewiger Liebe liebst Du das Haus Israels, Dein Volk.
Tora, Vorschriften und Gesetze hast Du uns gelehrt.
Über Deine Regeln diskutieren wir, Adonai, unser Gott,
wenn wir zu Bett gehen und wenn wir uns am Morgen
erheben, und wir frohlocken und jubeln in alle Ewigkeit
über die Worte Deiner Tora, Deiner Vorschriften und
Gesetze. Denn sie sind unser Leben und bestimmen die
Länge unserer Tage, deshalb denken wir über sie nach,
Tag und Nacht.

Nimm in Ewigkeit Deine Liebe nicht von uns.

Gepriesen bist Du, Adonai, der sein Volk Israel liebt!

Adonai Zewa-ot

Adonai Zwea-ot imanu.

Adonai, Herr der Heerscharen, ist mit uns.

Misgaw lanu Elohej Jaakow sela.

Ein fester Halt ist für uns der Gott Jakobs, sela.

Adonai Zewa-ot.

Adonai, Herr der Heerscharen.

Aschrej adam bote-ach becha.

Glücklich ist der Mensch, der vertraut in Dir.

Adonai hoschia.

Adonai, errette.

Hamelech ja-anenu wejom-karenu.

Der König wird uns antworten am Tag, an dem wir rufen.

Vehu rachum jechaper aon velo jaschchit vehirba lehaschiw apo.

Und er, der Vergebende, wird vergeben Missetaten und wird nicht zerstören und oft wendet er ab seinen Ärger.

Velo jair kol chamato.

Und nicht wird er erheben all seinen Zorn.

Adonai hoschia.

Adonai, errette.

Hamelech ja-anenu wejom karenu.

Der König wird uns antworten am Tag, an dem wir rufen.

Baruch ata Adonai, Elohejnu melech ha-olam, ascher bidwaro ma-ariw arawim bechochma.

Gelobt bist Du, Adonai, unser Gott, König der Welt, der durch sein Wort bringt Abende in Weisheit.

Poteach schearim bitwuna.

Öffne die Tore (des Himmels) mit Verständnis.

Meschane itim, umachalif et hasmanim umesader et hakochawim.

Der tauscht die Zeiten und ändert die Jahreszeiten und ordnet die Sterne.

Bemischmerotejhem barakia kirzono.

In ihren Ordnungen im Universum nach seinem Willen.

Bore jomam valajla.

Der erschafft Tag und Nacht.

Golel or mipenej choschech vechoschech mipenej or.

Der austauscht Licht gegen Dunkelheit und Dunkelheit gegen Licht.

Hama-awir jom umewi lajla.

Der hervorbringt den Tag und bringt hervor die Nacht.

Umawdil bejn jom uwejn lajla.

Und unterscheidet in Tag und in Nacht.

Adonai Zewa-ot schmo.

Adonai, Herr der Heerscharen, ist sein Name.

Baruch ata Adonai, hama-ariw arawim.

Gesegnet bist Du, Adonai, der hervorbringt die Abende.

Ahawat olam beit Israel amcha ahawta, tora u-mizwot chukim umischpatim otanu limadeta, al ken Adonai Elohejnu beschochwenu uwekumenu naschicha bechukejcha, venismach vena-alon be-diwrej talmud toratecha umizwotejcha vechukotej-cha le-olam ve-ed, ki hem chajejnu ve-orech ja-mejnu, uwahem nehge jomam valajla.

Mit ewiger Liebe das Haus Israels, Deines Volkes, hast Du geliebt, Tora und Vorschriften und Gesetze hast Du uns gelehrt, deshalb, Adonai, unser Gott, in unserem Schlafengehen und in unserem Aufstehen diskutieren wir deine Regeln, und wir frohlocken und jubeln in den Worten der Lehre Deiner Tora und Deiner Vorschriften und Gesetze in Ewigkeit, denn sie sind unser Leben und die Länge unserer Tage, und über sie denken wir nach Tag und Nacht.

Veahawatecha lo tasur mimenu le-olamim.

Und Deine Liebe nicht nehme von uns in Ewigkeiten.

Baruch ata Adonai, ohew et amo Israel.

Gesegnet bist Du, Adonai, der liebt sein Volk Israel.

Nach diesem Gebet wird nun zum zweiten Mal am Tag das „Schma Israel" gesprochen, das jüdische Glaubensbekenntnis (siehe „Schma Israel" bei den Morgengebeten). Es folgt auch wieder das jüdische Hauptgebet, die Amidah (siehe Kapitel Morgengebete).

SCHIR LAMA-ALOT - PSALM 121

Mit diesem Psalm endet das tägliche Abendgebet.

„Schir lama-alot" heißt übersetzt „ein Lied für die Stufen". Im orthodoxen Judentum geht man davon aus,
dass es sich bei den hier erwähnten Stufen um 15 Stufen handelt, die laut Talmud einst im Tempel als halb-
kreisförmige Treppe vom Frauenbezirk hinauf in den
Vorhof der Männer führte. Laut Überlieferung wurde auf
jeder dieser Treppenstufen von den Priestern je ein
Psalm in einer höheren Tonlage angestimmt.

In der Tat sind im Buch der Psalmen exakt 15 Psalmen
als Maalot-Psalmen benannt, es handelt sich um die
Psalmen 120 bis einschließlich 134. Diese Psalmen gelten auch als Pilgerpsalmen, die auf dem Weg nach Jerusalem bzw. in Jerusalem auf dem Weg zu HaKotel,
der „Klagemauer", gebetet werden.

Da es zu Psalm 121 bereits viele sehr gute Übersetzun-
gen gibt, ist das Gebet nachfolgend nur im hebräischen
Text mit Transkription in lateinische Schrift und einer
Übersetzungshilfe aufgeführt.

Psalm 121

*S*chir lama-alot.

Ein Lied für die Stufen.

Esa ejnaj el heharim.

Ich hebe meine Augen zu den Bergen.

Me-ajn jawo esrej.

Woher wird kommen meine Hilfe?

Esrej mejm Adonai, ose schamajim va-arez.

Meine Hilfe kommt von Adonai, der geschaffen hat Himmel und Erde.

Al-jten lamot raglecha.

Nicht erlauben wird er zu wanken Deinen Füßen.

Al-janum schomerecha.

Nicht schlafen wird Dein Hüter.

Hine lo-janum velo jischan.

Siehe, nicht schlafen und nicht schlummern.

Schomer Israel.

Hüter Israels.

Adonai schomrecha.

Adonai ist Dein Hüter.

Adonai zilcha al-jad jemincha.

Adonai ist Dein Schatten neben Deiner rechten Hand.

Jomam haschemesch lo jakeka vejareach balajla.

Am Tage die Sonne wird Dich nicht stechen und der Mond nicht in der Nacht.

Adonai joschmarecha mikol-ra.

Adonai wird Dich behüten von allem Bösen.

Jschmor et nafschecha.

Er wird behüten Deine Seele.

Adonai jschmar ze-techa uwo-echa.

Adonai wird behüten Dein Fortgehen und Dein Kommen.

Meat vead olam.

Von jetzt an bis in Ewigkeit.

SONSTIGE GEBETE

TISCHGEBETE

Segen vor dem Essen und Trinken

Bevor gegessen oder getrunken wird, auch wenn es sich nur um eine Kleinigkeit handelt, wird ein Segen gesprochen. Für unterschiedliche Speisen und für Getränke gibt es unterschiedliche Segensverse.

Was Nichtjuden mitunter überrascht: Nicht Fleisch, sondern Brot gilt als wichtigstes Nahrungsmittel im Judentum. Eine Mahlzeit gilt nur dann als vollwertige Mahlzeit, wenn Brot dazu gereicht wird. Der Segen, der über dem Brot gesprochen wird, gilt als höchster Speisesegen, so dass die anderen Segensgebete überflüssig werden.

Einzige Ausnahme ist am Schabbat: Vor der Schabbatmahlzeit am Abend wird zuerst Kiddusch, der Segen über einem Becher Wein, gesprochen. Nach dem Kiddusch trinkt jeder Tischgast einen Schluck aus dem Weinbecher.

Das Brot wird während dieser Zeremonie mit einem Tuch abgedeckt. Erst nach der Weinsegnung nimmt der Hausherr das Tuch vom Brot.

Nun wird der Segen über dem Brot gesprochen, der Hausherr bricht das Brot und jeder Tischgast erhält ein kleines Stück davon. Diese Schabbat-Zeremonie findet sich in der Abendmahlfeier christlicher Gemeinden wieder.

Zwischen dem Segensspruch und dem Essen dieses Brotstückes wird nicht gesprochen.

Nicht Fleisch und Wein, sondern Brot und Wein sind deshalb wohl auch die Symbole, die der Jude Jesus ausgewählt hat, um seinen Jüngern darin nahezusein.

Zur Mahlzeit soll Salz auf dem Tisch stehen. Das Salz erinnert daran, dass die Opfer im Tempel einst mit Salz dargebracht wurden, so wie es im 3. Buch Moses 2,13 heißt: „Jedes Speiseopfer sollst du salzen, und deinem Speiseopfer sollst du das Salz des Bundes deines Gottes nicht fehlen lassen. Jede deiner Opfergaben sollst du mit Salz darbringen".

Salz gilt als Zeichen für den Bund, den Gott mit seinem Volk geschlossen hat – ein Bild, das Jesus aufgreift, als er seine ursprünglich ausschließlich jüdischen Jünger daran erinnert, dass sie das Salz der Erde sind und sich entsprechend benehmen sollen.

Der Esstisch hat im Judentum einen hohen Stellenwert, denn er gilt als Symbol für den Altar, der früher im Tempel stand. Ein orthodoxer Jude wird sich deshalb nicht auf einen Esstisch setzen.

Peri ha-adama

Segen für Speisen, die am Boden gewachsen sind

*B*aruch ata Adonai Elohejnu melech ha-olam bore peri ha-adama.

Gesegnet bist Du, Adonai, unser Gott, König der Welt, der erschaffen hat die Frucht der Erde.

Peri ha-ez

Segen für Baumfrüchte

*B*aruch ata Adonai Elohejnu melech ha-olam bore peri ha-ez.

Gesegnet bist Du, Adonai, unser Gott, König der Welt, der erschaffen hat die Frucht des Baumes.

Peri ha-gefen

Segen für Wein

*B*aruch ata Adonai Elohejnu melech ha-olam bore peri hagefen.

Gesegnet bist Du, Adonai, unser Gott, König der Welt, der erschaffen hat die Frucht des Weinstocks.

Sche-hakol nihia bitwaro

Segen für alle anderen Speisen (außer Brot), für Fleisch und Getränke

*B*aruch ata Adonai Elohejnu melech ha-olam sche-hakol nihia bitwaro.

Gesegnet bist Du, Adonai, unser Gott, König der Welt, dass alles entstanden ist durch Dein Wort.

Lechem min-ha-arze - Segen für Brot

Ehe der Brotsegen gesprochen wird, gehen die Tischgäste zum rituellen Händewaschen „Netilat Jadajim". Die Zeremonie ist relativ aufwendig:

Wasser wird in einen großen Becher gefüllt, der möglichst zwei Henkel haben sollte. Nun gibt die rechte Hand den Becher in die linke Hand. Die linke Hand schüttet dreimal Wasser über die rechte Hand. Dann wird der Becher abgestellt. Die rechte Hand ergreift ihn und schüttet dreimal Wasser über die linke Hand. Nun werden die nassen Hände vor das Gesicht erhoben und man spricht dazu folgenden Vers:

*B*aruch ata Adonai Elohejnu melech ha-olam, a-scher kidschanu bemizwotaiw veziwanu al netilat jadajim.

Gesegnet bist Du, Adonai, unser Gott, König der Welt, der uns heiligt mit seinen Geboten und gebietet die Hände zu waschen.

Jetzt werden die Hände abgetrocknet und man geht schweigend zurück an den Tisch. Sind alle Gäste nach dem Händewaschen wieder am Tisch, wird der Brotsegen gesprochen. Bis der Brotsegen gesprochen und der erste Bissen des Brotes gegessen wurde, darf nicht gesprochen werden.

Lechem min ha-arze - Brotsegen

*B*aruch ata Adonai, Elohejnu melech ha-olam, hamozi lechem min ha-arez.

Gesegnet bist Du, Adonai, unser Gott, König der Welt, der hervorbringt Brot aus der Erde.

TISCHGEBETE NACH DEM ESSEN

Noch eine Überraschung für viele Nichtjuden: Im Judentum findet das eigentliche Tischgebet, der Dank für die Speise, nicht vor, sondern nach dem Essen statt – denn im 5. Buch Mose heißt es: „Und hast du gegessen und bist satt geworden, so sollst du Adonai, deinen Gott, für das gute Land preisen, das er dir gegeben hat".

Aus diesen Bibelversen schließt man, dass

a) Lob und Dank eben nicht vor, sondern nach dem Essen vorgeschrieben sind und

b) eigentlich nur für die Mahlzeit gedankt werden muss, wenn man ausreichend satt geworden ist.

Nichtsdestotrotz wird auch nach einfachen Speisen gedankt. Dabei variiert die Art des Gebetes – abhängig davon, welche Lebensmittel man gegessen hat. Das aufwendigste Dankgebet steht an, wenn bei der Mahlzeit Brot mitverzehrt wurde. Dann wird „Birkat Hamason" gesprochen, ein sehr langes Gebet, das nicht zu vergleichen ist mit den kurzen Tischgebeten, die in christlichen Esszimmern gesprochen werden. Vor diesem Gebet steht außerdem wieder ein rituelles Händewaschen an.

Muss es schnell gehen, beispielsweise mittags in der Arbeitspause, achten gläubige Juden deshalb häufig darauf, „brotfrei" zu speisen.

Dankgebet nach dem Essen

Für Speisen, bei denen kein Brot verzehrt wurde.

Gepriesen bist Du, Adonai, unser Gott, König der Welt, für *(je nach Art der Speise, die gegessen wurde)* ...

> *(nach Baumfrüchten)* den Baum und die Frucht des Baumes ...

> *(nach Wein)* den Weinstock und die Frucht des Weinstocks ...

> *(für Fleisch und alles andere, außer Brot)* den Lebensunterhalt und die Nahrung ...

... und für die Ernte des Feldes. Danke für das wohlgefällige, gute und weite Land, das Du für uns bereitet und uns als Erbschaft gegeben hast, damit wir von seinen Früchten essen können und gesättigt werden mit seinen guten Dingen.

Sei uns gnädig, Adonai, unser Gott. Uns und Israel, Deinem Volk. Sei auch Jerusalem gnädig, Deiner Stadt und dem Berg Zion, dem Ort Deiner Ehre. Schenke auch Gnade für Deinen Altar und Deinen Tempel. Baue Jerusalem, die Heilige Stadt, wieder auf. Tue es rasch und zu unseren Lebzeiten und führe uns hinein. Gibt, dass wir uns an ihrem Wiederaufbau erfreuen können und Dich darüber preisen in Heiligkeit und Reinheit. Denn Du bist gut und gütig zu jedem.

Wir danken Dir, Adonai, unser Gott, für das Land und für ...

>(*nach Baumfrüchten*) die Baumfrüchte ...

>(*nach Wein*) die Frucht des Weinstocks ...

>(*nach Fleisch und anderen Speisen, außer Brot*) den Lebensunterhalt und die Nahrung ...

... gepriesen bist Du, Adonai, für das Land und für ...

>... die Früchte.

>... die Frucht des Weinstocks.

>... die Nahrung.

Baruch ata Adonai Elohejnu melech ha-olam al ...

Gesegnet bist Du, Adonai, unser Gott, König der Welt über

>>(*nach Baumfrüchten*) haez veal peri ha-ez ... *den Baum und über die Baumfrucht*

>>(*nach Genuss von Wein*) hagefen veal peri hagefen ... *den Weinstock und über die Frucht des Weinstocks*

>>(*nach Speisen, die am Boden gewachsen sind*) hamichia veal hakalkala ... *den Lebensunterhalt und über die Nahrung*

... veal tnuwat hasade veal erez chemda towa ure-chawa scherazit vehinchalta la-awotejnu le-echol mipiria velisboa mituwa.

Und über die Ernte des Feldes und über das Land, das wünschenswert und gut ist und ausgedehnt, das du gewünscht hast und als Erbschaft unseren Vätern ge-geben, um zu essen von seinen Früchten und satt zu sein mit seinem Guten.

Rachem Adonai Elohejnu alejnu veal Israel amcha veal Jeruschalajim ircha veal har zion mischkan kewodecha.

Sei gnädig, Adonai, unser Gott, über uns und über Is-rael, Dein Volk, und über Jerusalem, Deine Stadt, und über den Berg Zion, von dort Deine Ehre kommt.

Veal misbacha.

Und über Deinen Altar.

Veal hejchalcha.

Und über Deinen Tempel.

Uwene Jeruschalajim ir hakodesch bimehera we-jamejnu.

Und baue wieder auf Jerusalem, die Heilige Stadt, in Bälde und in unseren Tagen.

Veha-alenu letocha. *Und bringe uns hinein in sie.*

Vesamechnu bewinjana unewarechecha alejha bikduscha uwetahara.

Und lasse uns erfreuen in ihrem Wiederaufbau, und mögen wir Dich preisen über sie in Heiligkeit und in Reinheit.

Ki ata tow umetiw lakol venode lecha Adonai Eloheinu al haarez veal ...

Denn Du bist gut und gütig zu allen und wir danken Dir, Adonai, unser Gott, über das Land und über

> *(nach Baumfrüchten)* haprot ... *die Früchte*

> *(nach Wein)* pri hagefen ... *Früchte des Weinstocks ...*

> *(nach Speisen, die am Boden gewachsen sind)* hamichia veal hakalkala ... *den Lebensunterhalt und die Nahrung*

... baruch ata Adonai al haarez ve al ...

... gesegnet bist Du, Adonai, über das Land und über ...

> *... (nach Baumfrüchten)* haperot. ... *die Früchte.*

> *... (nach Wein)* pri hagefen. ... *die Frucht des Weinstocks.*

> *... (nach Speisen, die am Boden gewachsen sind)* hamichia. ... *die Nahrung.*

Birkat hamason – Tischgebet nach Brot

„Birkat hamason" heißt „der Segen über Lebensmittel"
und ist das eigentliche Tischgebet im Judentum. Es wird
nach einer Mahlzeit gesprochen, bei der auch Brot gegessen wurde.

Das Gebet besteht aus vier Segens- bzw. Lobpreissprü-
chen. Der erste Segensspruch ist ein Lobpreis Gottes
für die gute Nahrung, die er gegeben hat. Der zweite
Lobpreis bezieht sich auf das „gute Land". Im dritten
Lobpreisteil wird Gott dafür gedankt, dass er Jerusalem
neu erstehen lässt. Dieser Segen soll noch von König
David selbst stammen laut Überlieferung.

Der vierte Segensspruch kam im zweiten Jahrhundert
hinzu, nach dem Bar-Kochba-Aufstand, der von den
römischen Besatzern blutig niedergeschlagen wurde.
Das jüdische Volk schien dem Untergang geweiht – und
der großen Not zum Trotz wurde damals dieser vierte
Teil des Birkat hamason verfasst: ein inniger Lobpreis,
in dem Gott für die Rettung seines Volkes gedankt wird.
Auch während der unzähligen Progrome, die das Volk
Israel in den folgenden Jahrhunderten noch durchleiden
musste, wurde an diesem Lobpreis festgehalten.

Wer sich dies während des Gebets vergegenwärtigt,
kann nur mit großer Ehrfurcht und Respekt die Loyalität
bewundern, mit der die Juden über die Jahrtausende
hinweg trotz aller Not und trotz Zerstreuung in alle
Länder der Erde ihrem Gott treu geblieben sind.

Der Tisch sollte abgeräumt sein, nur etwas Brot sollte noch auf dem Tisch liegen, während Birkat hamason gesprochen wird.

Tischgebet (nach Brot)

Gepriesen bist Du, Adonai, unser Gott, König der Welt, der Gott, der uns und die Welt mit Gutem versorgt, der uns gnädig und wohlgesonnen ist und uns in seinem Erbarmen hilfreich zur Seite steht. Du gibst allen Lebewesen Nahrung, denn Deine Güte währt ewiglich. Dank Deiner großen Güte litten wir niemals Mangel und werden auch in Zukunft keinen Mangel leiden.

Denn er ist Gott, ein Gott, der seine Geschöpfe sättigt und unterstützt, der seinen Tisch für jeden bereitet. In seinem Erbarmen und in seiner großen Güte stellt er nach seinem Wort Nahrung und Essen bereit für alle Geschöpfe, die er erschaffen hat.

Öffne Deine Hand und stille die Bedürfnisse aller Lebewesen. Gepriesen bist Du, Adonai, der alle versorgt.

Wir danken Dir, Adonai, unser Gott, dass Du unseren Vätern ein Land als Erbe geschenkt hast, das begehrenswert ist, gut und ausgedehnt, und dass Du einen Bund mit uns geschlossen, uns die Tora, Leben und Speise geschenkt hast. Denn Du hast uns herausgeführt aus dem Land Ägypten und Du hast uns befreit aus dem Hause der Knechtschaft.

Wir danken Dir für Deinen Bund, den Du in unserem Leib besiegelt hast, und für unsere Tora, die Du uns gelehrt hast. Wir danken Dir für die Gebote, die Du uns gegeben hast und in denen Du uns Deinen Willen offenbarst. Wir danken Dir für unser Leben und für die Nahrung, mit der Du ernährst und versorgst.

Für alles, Adonai, unser Gott, danken wir Dir und preisen Deinen Namen, so wie in der heiligen Schrift geschrieben steht: Und du wirst gegessen haben und gesättigt sein, und Du sollst Adonai preisen, Deinen Gott, für das gute Land, das er Dir gegeben hat.

Gepriesen bist Du, Adonai, für das Land und für die Nahrung.

Erbarme Dich, Adonai, unser Gott, über uns und über Dein Volk, über Jerusalem, Deine Stadt, über den Berg Zion, als dem Wohnsitz Deiner Ehre, über Deinen Tempel als Deine Wohnstätte, über Dein Heiligtum und über das große und heilige Haus, über dem Dein Name genannt ist.

Unser Vater, versorge uns und ernähre uns, führe uns, erhalte uns. Befreie uns vollständig und in naher Zukunft von all unseren Sorgen.

Und bitte lass nicht zu, Adonai, unser Gott, dass wir abhängig werden von Geschenken und Wohltaten anderer Menschen, auch nicht von ihren Leihgaben und Darlehen. Lass uns nur abhängig sein von Deiner vollen, großzügigen, reichen und offenen Hand.

Möge es Dein Wille sein, dass wir nicht beschämt werden, weder in der gegenwärtigen noch in der zukünftigen Welt. Richte das Königreich des Hauses Davids, Deines Messias, wieder auf, in naher Zukunft und noch zu unserer Lebzeit. Mögest Du auch Jerusalem, Deine Stadt, wieder aufbauen, in naher Zukunft und zu unserer Lebzeit.

Gepriesen bist Du, Adonai, der Jerusalem wieder aufbaut.

Gepriesen bist Du, Adonai, unser Gott, König der Welt. Du bist Gott, unser Vater, unser machtvoller König, unser Schöpfer, unser Erlöser, unser Heiliger, der Heilige Jakobs.

Du bist unser Hirte, der Hirte Israels. Du bist der König, der wahrhaft gut ist und der Gutes tut für alle.

Er tut Gutes für uns. Er wird uns auch künftig Gutes tun. Er war großzügig zu uns. Er wird auch künftig großzügig sein zu uns. Er wird ewig großzügig sein uns gegenüber und uns Gnade, Freundlichkeit, Erbarmen, Befreiung, Errettung und alles Gute zukommen lassen.

Er ist der Barmherzige. Er sei gepriesen auf dem Thron seiner Herrlichkeit. Der Barmherzige sei gepriesen im Himmel und auf Erden. Der Barmherzige sei gepriesen in unseren Versammlungen von Generation zu Generation.

Der Barmherzige möge Ruhm für sein Volk erlangen. Der Barmherzige möge geehrt werden durch uns in alle

Ewigkeit. Der Barmherzige stärke uns mit Ehre und lasse nicht zu, dass wir uns verschlechtern, er gewähre uns Trost und halte Sorgen von uns fern. Der Barmherzige gewähre uns Frieden. Der Barmherzige sende seinen Segen, seine Hilfe und schenke Erfolg allen Bemühungen unserer Hände. Der Barmherzige führe unsere Wege zum Erfolg.

Der Barmherzige zerbreche das Joch des Exils in Bälde von unseren Nacken. Der Barmherzige führe uns in Bälde aufrecht in unser Land. Der Barmherzige möge uns heilen mit einer Heilung, die vollkommen ist, mit Heilung der Seele und Heilung des Körpers.

Der Barmherzige möge für uns seine Hand öffnen, die so viel enthalten kann. Der Barmherzige möge jeden einzelnen von uns segnen, jeden von uns in SEINEM großen Namen, so wie unsere Väter Abraham, Isaak und Jakob gesegnet wurden, vollkommen und in allem, was sie taten. So möge er uns gemeinsam segnen, mit einem Segen, der vollkommen ist.

Möge dies sein Willen sein. Lasst uns dazu „Amen" sprechen: So sei es.

Der Barmherzige möge über uns seinen Frieden ausbreiten. Der Barmherzige möge seine Tora und seine Liebe in unser Herz pflanzen. Möge Gottesfurcht uns vor Sünde bewahren und möge alles, was wir tun, zur Ehre Gottes dienen.

Der Barmherzige gebe uns Leben. Er mache uns würdig für das Nahen der Tage des Messias, den Wiederaufbau des Tempels und das Leben in der zukünftigen Welt. Er wird seinen König retten und ihn groß machen. Er wird David, seinem Gesalbten, und seinen Nachkommen Freundlichkeit erweisen in Ewigkeit.

Selbst den starken, jungen Löwen kann es an Nahrung mangeln und sie können hungrig sein. Doch wer nach Adonai strebt, dem wird es an nichts Gutem mangeln. In meinem langen Leben habe ich nicht gesehen, dass ein Gerechter in Stich gelassen wurde und seine Kinder um Brot betteln mussten. Den ganzen Tag ist der Gerechte gütig und verleiht noch von seinem Besitz. Seine Kinder sind ein Segen.

Was wir gegessen haben, soll unsere Bedürfnisse befriedigen, und was wir getrunken haben, soll zu unserer Gesundheit beitragen. Was wir übrig gelassen haben, möge eine Segnung sein, so wie geschrieben steht: Und er stellte es vor sie und sie aßen und ließen übrig, wie es dem Wort Adonais entsprach.

Gesegnet seid ihr für Adonai, dem Schöpfer des Himmels und der Erde. Gesegnet ist der Mensch, der sein Vertrauen in Adonai setzt. Adonai wird sein Schutz sein.

Möge Adonai seinem Volk Stärke geben. Möge Adonai sein Volk mit Frieden segnen.

Der Gott, der Frieden schafft im Himmel, er möge in seiner Barmherzigkeit auch bei uns Frieden schaffen, für uns und für sein Volk Israel.

Sprecht dazu: „Amen", so sei es.

Birkat hamason *(Tischgebet nach Brot)*

*B*aruch ata Adonai, Elohejnu melech ha-olam, hael
hasan otanu ve-et ha-olam kulo betuwo bechen
bechesed berewach uwerachamim rabim.

Gesegnet bist Du, Adonai, unser Gott, König der Welt,
der Gott, der uns versorgt und die Welt vollständig im
Gutem, in Gnade, in Freundlichkeit, in Hilfsbereitschaft
und in übermäßigem Erbarmen.

Noten lechem lechol-basar.

Der Brot gibt für alles Fleisch.

Ki le-olam chasdo.

Denn für Ewigkeit dauert Deine Freundlichkeit.

Uwetuwo hagadol tamid lo chasar lanu veal jechsar
lanu mason tamid le-olam ve-ed.

Und mit seiner großen Güte niemals hatten wir Mangel
und nie werden wir Mangel haben an Nahrung ewiglich.

Ki hu el san umefarnem uschulchano aruch lakol
vehitkin michia umason lechol-beriotaiw ascher
bara werachamaiw uwerow chasadaiw ka-amud.

Denn er ist Gott, der sättigt und unterstützt alle, und
sein Tisch ist gedeckt für alle, und er hat vorbereitet
Nahrung und Essen für alle seine Geschöpfe, die er er-

schaffen hat in seinem Erbarmen und in seiner großen Freundlichkeit, wie gesagt ist.

Poteach et jadecha umasbi-a lechol chaji razon.

Öffne Deine Hand und befriedige alles Leben nach seinen Bedürfnissen.

Baruch ata Adonai, hasan et hakol.

Gesegnet bist Du, Adonai, der alle versorgt.

Node lecha Adonai Eloheinu al schehinchalta laawotejnu erez chemda towa urechawa brit vetora chajim umason.

Wir danken Dir, Adonai, unser Gott, dass Du als Erbe gegeben hast für unsere Väter ein Land, das begehrenswert ist, gut und ausgedehnt, einen Bund und Tora, Leben und Speise.

Al schehoztanu me-erez mizraim ufeditanu mibejt awadim.

Weil Du uns herausgeführt hast aus dem Land Ägypten und uns befreit hast aus dem Haus der Knechtschaft.

Veal britecha schechatamta biwscharnu.

Und für Deinen Bund, den Du besiegelt hast in unserem Fleisch.

Veal toratecha schelimadetanu.

Und für unsere Tora, die Du uns gelehrt hast.

Veal chukej rezonach schehoda-tanu.

*Und für die Satzungen Deines Willens, die Du uns mit-
geteilt hast.*

Veal chajim umason sche-ata san umefarnes otanu.

*Und für Leben und Nahrung, das Du ernährst und ver-
sorgt uns.*

Al hakol Adonai Elohejnu anachnu modjim lecha
umewarechim et schemcha ka-amur veachalta ve-
sawata.

*Für alles, Adonai, unser Gott, wir danken Dir und wir
preisen Deinen Namen, so wie gesagt wurde „und du
wirst gegessen haben und gesättigt sein".*

Uwerachta et-Adonai Eloheicha al ha-arez hatowa
ascher natan-lecha.

*Und Du sollst preisen Adonai, Deinen Gott, über das
Land, das gute, das er gegeben hat Dir.*

Baruch ata Adonai, al ha-arez veal hamoson.

*Gesegnet bist Du, Adonai, über das Land und über die
Nahrung.*

Rachem Adonai Elohejnu alejnu ve-al Israel amcha.

Erbarme Dich, Adonai, unser Gott, über uns und über ganz Israel, Dein Volk.

Veal Jeruschalajim ircha.

Und über Jerusalem, Deine Stadt.

Veal har zion mischkan kewodecha.

Und über den Berg Zion, dem Ort Deiner Ehre.

Veal hejchalcha.

Und über Deinen Tempel.

Veal meonecha.

Und über Deine Wohnstätte.

Veal dwircha.

Und über Dein Heiligtum.

Veal habajit hagadol vehakadosch schenikra schimcha alaiw.

Und über das Haus, das große und heilige, das Dein Name auf ihm genannt ist.

Awinu re-enu sunenu.

Unser Vater, versorge uns, ernähre uns.

Parnesnu.

Führe uns.

Kalklenu.

Erhalte uns.

Harwojchenu harwach lanu mehera mikol-
zarotejnu.

Befreie uns mit großer Befreiung für uns, in Bälde, von
all unseren Sorgen.

Vena al tazrichenu Adonai Elohejnu lidej matnot
basar vadam.

Und bitte, nicht mache uns abhängig, Adonai, unser
Gott, von Geschenken von Fleisch und Blut.

Velo lidej halwa-atam.

Und nicht von ihren Darlehen.

Ela lejadecha hamele-a veharchawa.

Nur von Deiner Hand, die voll ist und die großzügig.

Ha-aschira vehapetucha. *Die reiche und die offene.*

Jehi razon schelo newosch ba-olam hase.

Möge es Dein Wille sein, dass wir nicht beschämt wer-
den in dieser Welt.

Velo nikalem leolam haba.

Und nicht beschämt werden in der Welt, die kommt.

Umalchot beit David meschichecha tachsirena lim-koma bimehera wejamejnu.

Und das Königreich vom Haus David, Deines Messias, bringe zurück zu seinem Platz in Bälde und in unseren Tagen.

Vetiwne Jeruschalajim ircha bimehera wejamejnu.

Und mögest Du wiederaufbauen Jerusalem, Deine Stadt, in Bälde und in unseren Tagen.

Baruch ata Adonai, bone Jeruschalajim.

Gesegnet bist Du, Adonai, der Jerusalem wieder auf-baut.

Baruch ata Adonai Elohejnu melech haolam.

Gesegnet bist Du, Adonai, unser Gott, König der Welt.

Ha-el awinu malkenu adijrnu.

Der Gott, unser Vater, unser König, unser Machtvoller.

Borenu.

Unser Schöpfer.

Go-alenu.

Unser Erlöser.

Kadoschenu.

Unser Heiliger.

Kadosch Ja-akow.

Heiliger Jakobs.

Roenu roe Israel.

Unser Hirte, Hirte Israels.

Hamelech hatow vehamemiw lakol.

Der König, der Gute und der Gutes tut für alle.

Hu metiw lanu.

Er tut Gutes für uns.

Hu jejtiw lanu.

Er wird Gutes tun für uns.

Hu gemalanu.

Er war großzügig zu uns.

Hu gomlenu.

Er ist großzügig zu uns.

Hu jgmelenu la-ad chen vachesed verachamim ve-rewach vehazala vechal-tow.

Er wird großzügig sein zu uns ewig, Gnade und Freund-lichkeit und Erbarmen und Befreiung und Errettung und alles Gute.

Harachaman hu jschtabecha al kise chewodo.

Der Barmherzige, er sei gepriesen auf dem Thron seiner Herrlichkeit.

Harachaman hu jschtabecha baschamaijm uwaarez.

Der Barmherzige, er sei gepriesen im Himmel und auf Erden.

Harachaman hu jschtabecha banu ledor dorim.

Der Barmherzige, er sei gepriesen unter uns von Generation zu Generationen.

Harachaman hu keren le-amo jarim.

Der Barmherzige, er möge Ruhm für sein Volk erheben.

Harachaman hu jtpa-ar banu lanezach nezachim.

Der Barmherzige, er möge geehrt werden durch uns für alle Ewigkeiten.

Harachaman hu jefarnesnu bechawod velo wewisuj benachat velo weza-ar.

Der Barmherzige, er stärke uns mit Ehre und nicht mit Verschlechterung, mit Trost und nicht mit Sorgen.

Harachaman hu jten schalom bejnejnu.

Der Barmherzige, er gewähre Frieden unter uns.

Harachaman hu jschlach bracha rewacha vehazla-cha bechol maase jadejnu.

Der Barmherzige, er sende Segen, Hilfe und Erfolg in allen Bemühungen unserer Hände.

Harachaman hu jazliach et derachjnu.

Der Barmherzige, er mache erfolgreich unsere Wege.

Harachaman hu jschbor ol galut mehera meal za-ua-renu.

Der Barmherzige, er zerbreche das Joch des Exils in Bälde von unseren Nacken.

Harachaman hu jolichenu mehera komemijut le-arzenu.

Der Barmherzige, er führe uns in Bälde aufrecht in unser Land.

Harachaman hu jirpanu refua schelema refu-at hanefesch urefu-at haguf.

Der Barmherzige, er möge uns heilen mit Heilung die vollkommen ist, eine Heilung der Seele und eine Heilung des Körpers.

Harachaman hu iftach lanu et jado harechawa.

Der Barmherzige, er möge öffnen für uns seine Hand, die so viel enthalten kann.

Harachaman hu jwarech kol echad ve-echad mimenu bischmo hagadol kmo schenitbarechu awotejnu awraham izhcak vejakow bakol mikol kol.

*Der Barmherzige, er möge segnen jeden einzelnen und
jeden von uns in seinem Namen, den Großen, wie gesegnet wurden unsere Väter Abraham, Isaak und Jakob
in allen, von allem, gänzlich.*

Ken jewarech otanu jachad bracha schelema.

*So möge er uns segnen zusammen mit einem Segen,
der vollkommenen ist.*

Jehi razon veno-mar amen.

Möge es sein Willen sein und lasst uns sagen „Amen".

Harachaman hu jfros alejnu sukat schlomo.

*Der Barmherzige, er möge ausbreiten über uns eine
Sukkot seines Friedens.*

Harachaman hu jta torato ve-ahawato belibnu ve-
tihje jrato al panejnu lewilti nechta.

*Der Barmherzige, er möge setzen seine Tora und seine
Liebe in unser Herz, und möge seine Furcht über uns
sein, damit wir nicht sündigen.*

Ve-jhju chol-ma-asinu leschem schamajim.

*Und möge alles, was wir tun, für den Namen der Him-
mel getan werden.*

Harachaman hu jechajejnu vijsakenu vijkarwenu limot hamaschijach ulewinjan bejt hamikdasch ulechajej haolam haba.

Der Barmherzige, er gebe uns Leben und mache uns würdig und bringe uns nahe den Tagen des Messias und dem Wiederaufbau des Tempels und dem Leben der Welt, die kommt.

Magdil jeschu-ot malko.

Er wird groß machen die Rettung seines Königs.

Ve-ose-chesed limschicho ledavid ulesar-o ad o-lam.

Und tun Freundlichkeit für seinen Gesalbten David und seinen Nachkommen in Ewigkeit.

Kefjrim raschu vera-ewu.

Jungen Löwen mangelt es und sie sind hungrig.

Vedorschej Adonai lo-jachsru chol-tow.

Und wer strebt nach Adonai, dem wird nicht mangeln allem Guten.

Na-ar haijtj gam-sakanti velo-raijti zadik ne-esaw.

Ein junger Mann war ich, auch bin ich alt geworden und nicht habe ich gesehen einen Gerechten in Stich gelassen.

Vesar-o mewakesch lachem.

Und seine Kinder betteln für Brot.

Kol-hajom chonen umalwe.

Den ganzen Tag ist er gütig und verleiht.

Vesar-o liwracha.

Und seine Kinder sind ein Segen.

Ma sche-achalnu jhje lesowa.

Was wir gegessen haben soll zur Befriedigung sein.

Uma scheschatjnu jhje lirfua.

Und was wir getrunken haben soll zur Heilung sein.

Uma schehotarnu jhje liwracha kediwiw vajten lif-
nejhem vajo-chlu vajotijru kidwar Adonai.

*Und was wir übrig gelassen haben, möge für eine Seg-
nung sein, wie geschrieben ist: Und er stellte es vor sie
und sie aßen und ließen übrig wie es dem Wort Adonais
entsprach.*

Bruchim atem laAdonai.

Gesegnet seid ihr für Adonai.

Ose schamajim va-ares.

Schöpfer der Himmel und der Erde.

Baruch hagewer ascher jwtach baAdonai.

Gesegnet ist der Mann, der vertraut in Adonai.

Vehaja Adonai miwtacho.

Und es wird sein Adonai sein Schutz.

Adonai os leamo jten.

Adonai möge Stärke für sein Volk geben.

Adonai jewarech et-amo baschalom.

Adonai möge segnen sein Volk mit Frieden.

Ose schalom bimeromajw hu werachamajiw ja-asse schalom alejnu, veal kol-amo Israel veimru amen.

Der Frieden schafft in seiner Engelschar, er, in seiner Barmherzigkeit, möge auch schaffen Frieden über uns und seinem ganzen Volk Israel und sprecht Amen.

BIRKAT HABANIM
SEGNUNG DER KINDER

Es ist üblich, dass Eltern ihre Kinder an Schabbat nach der Rückkehr aus der Synagoge segnen. Dazu werden dem Kind beide Hände auf den Kopf gelegt. Damit wird die ganze Fülle des Segens symbolisiert, der auf das Kind fließen soll.

Für Jungen beginnt der Segen mit folgendem Vers:

Jsimcha Elohim ke-efrajim vechimenasche.

Möge Gott Dich werden lassen wie Ephraim und Menasche.

Für Mädchen beginnt der Segen:

Jsimech Elohim ke-sarah riwkah rachel velea.

Möge Gott Dich werden lassen wie Sarah, Rebekka und Lea.

Für alle Kinder geht es nun weiter mit folgenden Versen:

Jewarechecha Adonai vejschmerecha.

Möge Gott Dich segnen und erretten.

Jsa Adonai panaiw eleicha, vejasem lecha schalom.

Möge Adonai sein Angesicht zu Dir wenden und Frieden für Dich schaffen.

AWINU MALKENU

UNSER VATER, UNSER KÖNIG

Dieses Gebet wird an Fasten- und Bußtagen gesprochen, vor allem zwischen Rosch Haschanah und Jom Kippur.

Unser Vater, unser König

*U*nser Vater, unser König, wir haben vor Deinen Augen gesündigt. Sei barmherzig mit uns.

Unser Vater, unser König, wir haben keinen anderen König außer Dich.

Unser Vater, unser König, handle mit uns Dir zur Ehre.

Unser Vater, unser König, schenke uns ein gutes neues Jahr.

Unser Vater, unser König, setze alle harten und bösen Anordnungen über uns außer Kraft.

Unser Vater, unser König, mache die Pläne derer zunichte, die uns hassen.

Unser Vater, unser König, durchkreuze die Verschwörung unserer Feinde.

Unser Vater, unser König, entferne alle Unterdrücker und Gegner aus unserem Leben.

Unser Vater, unser König, rotte die tödliche Seuche aus, mache ein Ende mit allen Waffen, mit Bosheit, Hunger, Gefangenschaft, Plünderung, Zerstörung, Plagen, mit böser Verstellung und schlimmen Krankheiten, nimm sie hinweg von Deinem Volk.

Unser Vater, unser König, schenke allen Kranken Deines Volkes vollständige Heilung.

Unser Vater, unser König, halte Plagen fern von Deinem Volk.

Unser Vater, unser König, erinnere Dich daran, dass wir Staub sind.

Unser Vater, unser König, vergebe und verzeihe uns all unsere Missetaten.

Unser Vater, unser König, hebe alle bösen Urteile unserer Gerichte auf.

Unser Vater, unser König, lösche in Deiner übermäßigen Gnade alle Erinnerung an unsere Schuld aus.

Unser Vater, unser König, radiere unsere Missetaten aus und entferne sie vom Blick Deiner Augen.

Unser Vater, unser König, schreibe uns in das Buch des guten Lebens.

Unser Vater, unser König, schreibe uns in das Buch der Gerechten und der Gläubigen.

Unser Vater, unser König, schreibe uns in das Buch der Rechtschaffenden und der Vollkommenen.

Unser Vater, unser König, schreibe uns in das Buch des guten Auskommens und des Lebensunterhalts.

Unser Vater, unser König, schreibe uns in das Buch der Vergebung, der Sühne und der Verzeihung.

Unser Vater, unser König, schreibe uns in das Buch der Erlösung und Errettung.

Unser Vater, unser König, gedenke unser mit guten Gedanken.

Unser Vater, unser König, lasse uns Errettung erwachsen in Bälde.

Unser Vater, unser König, bringe Dein Volk Israel wieder zu Ehren.

Unser Vater, unser König, und bringe Deinen Messias zu Ehren.

Unser Vater, unser König, sei uns gnädig und antworte uns.

Unser Vater, unser König, führe uns zurück zu Dir, in vollständiger Reue.

Unser Vater, unser König, höre unsere Stimmen, sei gnädig und habe Mitleid mit uns.

Unser Vater, unser König, tue es um Deinetwillen, wenn nicht um unsertwillen.

Unser Vater, unser König, nimm in Gnade und Wohlgefallen unsere Gebete an.

Unser Vater, unser König, weise uns nicht mit leeren
Händen von Dir ab.

Awinu Malkenu *unser Vater, unser König*

Awinu malkenu chata-nu lefaneicha rachem alejnu.

*Unser Vater, unser König, wir haben gesündigt vor Dir,
sei barmherzig über uns.*

Awinu malkenu ejn lanu melech ela ata.

*Unser Vater, unser König, wir haben keinen König, nur
Dich.*

Awinu malkenu ase imanu lema-an schmecha.

*Unser Vater, unser König, handle mit uns zu Ehren Dei-
nes Namens.*

Awinu malkenu chadesch alejnu schana towa.

*Unser Vater, unser König, erneuere über uns ein gutes
Jahr.*

Awinu malkenu batel me-alejnu kol gesrot kaschot
ura-ot.

Unser Vater, unser König, setze außer Kraft über uns alle harten und bösen Anordnungen.

Awinu malkenu batel machschwot sonejnu.

Unser Vater, unser König, setze außer Kraft die Pläne derer, die uns hassen.

Awinu malkenu hafer azat ojwejnu.

Unser Vater, unser König, durchkreuze die Verschwörung unserer Feinde.

Awinu malkenu kale kol-zar umastin mealejnu.

Unser Vater, unser König, rotte aus jeden Unterdrücker und Gegner über uns.

Awinu malkenu kale dewer vecherew vera-a vera-aw uschwi uwisa vemaschchit vemagfa vejezer hara vecholajm ra-im mibenej beritcha.

Unser Vater, unser König, rotte aus Pest und Schwert und Böses und Hunger und Gefangenschaft und Plünderung und Zerstörung und Plagen und die böse Verstellung und böse Krankheiten von den Söhnen Deines Bundes.

Awinu malkenu schelach refua schelma lekol cholej amcha.

Unser Vater, unser König sende vollständige Heilung für alle Kranken Deines Volkes.

Awinu malkenu mena magfa minachalatecha.

Unser Vater, unser König, halte Plagen fern von Deinem Erbe.

Awinu malkenu sachur ki afar anachnu.

Unser Vater, unser König, erinnere Dich daran, dass Staub wir sind.

Awinu malkenu mechol veselach lechol-aonotejnu.

Unser Vater, unser König, vergebe und verzeihe alle unsere Missetaten.

Awinu malkenu kera roa gesur dinenu.

Unser Vater, unser König, hebe auf böse Urteile unserer Gerichte.

Awinu malkenu mechok berachamejcha harabim kol-schitreij chowotejnu.

Unser Vater, unser König, lösche aus in Deiner übermäßigen Gnade alle Erinnerungen an unsere Schuld.

Awinu malkenu meche veha-awer pescha-jnu mineged ejnejcha.

Unser Vater, unser König, radiere aus und entferne unsere Missetaten vom Blick Deiner Augen.

Awinu malkenu kotwenu besefer chajim towim.

Unser Vater, unser König, schreibe uns in das Buch der guten Leben.

Awinu malkenu kotwenu besefer zadikim vachasidim.

Unser Vater, unser König, schreibe uns in das Buch der Gerechten und Gläubigen.

Awinu malkenu kotwenu besefer jescharim utemimim.

Unser Vater, unser König, schreibe uns in das Buch der Rechtschaffenden und Vollkommenen.

Awinu malkenu kotwenu besefer parnasa vechalkala towa.

Unser Vater, unser König, schreibe uns in das Buch des guten Auskommens und Lebensunterhalts.

Awinu malkenu kotwenu besefer mechila uslicha vechapara.

Unser Vater, unser König, schreibe uns in das Buch der Vergebung, der Sühne und der Verzeihung.

Awinu malkenu kotwenu besefer gula vejschua.

Unser Vater, unser König, schreibe uns in das Buch der Erlösung und Errettung.

Awinu malkenu sochrenu besichron tow milfanejcha.

Unser Vater, unser König, erinnere unser mit einer guten Erinnerung vor Dir.

Awinu malkenu hazmach lanu jeschua bekarow.

Unser Vater, unser König, lass für uns erwachsen eine Errettung in Bälde.

Awinu malkenu harem keren Israel amcha.

Unser Vater, unser König, erhebe die Ehre Israels, Deines Volkes.

Awinu malkenu veharem keren meschichecha.

Unser Vater, unser König, und erhebe die Ehre Deines Messias.

Awinu malkenu chonenu va-anenu.

Unser Vater, unser König, sei uns gnädig und antworte uns.

Awinu malkenu hachasirenu bitschuwa schelma lefanejcha.

Unser Vater, unser König, führe uns zurück, in vollständiger Reue, vor Dich.

Awinu malkenu schma kolenu chus verachem alejnu.

Unser Vater, unser König, höre unsere Stimmen, sei gnädig und habe Mitleid über uns.

Awinu malkenu ase lema-ancha im-lo lema-anenu.

Unser Vater, unser König, tue es um Deinetwillen, wenn nicht um unsertwillen.

Awinu malkenu kabel berachamim uwerazon et te-filatenu.

Unser Vater, unser König, nimm an in Gnade und Wohl-gefallen unsere Gebete.

Awinu malkenu al-teschiwenu rejkam milfanejcha.

Unser Vater, unser König, nicht schicke uns zurück mit leeren Händen von Dir.

GEBET UM GOTTES BEISTAND IM ALLTAG

Jehi razon – Möge es Dein Wille sein

Jehi razon milfanejcha Adonai Elohai velohej awo-tai, schelo ta-ale kinat achrim alai velo kinati al achrim.

Möge es Dein Wille sein, Adonai, mein Gott und Gott meiner Väter, dass sich nicht Eifersucht anderer über mich erhebt und nicht meine Eifersucht über andere.

Veschelo achos hajom veschelo achisecha.

Und dass ich nicht ärgerlich bin heute und dass ich nicht Dich verärgere.

Vetazileni mi-izer hara.

Und rette mich von dem Bösen.

Veten belibi hachna-a va-anawa vejrat chet.

Und gib in mein Herz Ehrerbietigkeit, Demut und Angst vor Sünde.

Malkenu velohejnu, jached schemcha beolamcha uwene bejtcha, schachlel hejchalcha vekabez galu-iotejnu, pede zoncha vesamach adatcha bimehera wejamejnu, veten chelkenu betoratecha amen.

Unser König und unser Gott, einzigartig ist Dein Name in Deiner Welt und baue Dein Haus (den Tempel) und sammle unsere Vertriebenen, kaufe frei Deine Herde und gebe Freude Deinen Menschen in Bälde in unseren Tagen, und gib uns unseren Anteil in Deiner Tora,

Amen.

BITTE UM
VERGEBUNG UND HILFE

Chatati – Ich habe verletzt

*R*ibon schel olam, chatati, awiti, wefaschaiti lefanejcha.

Herr der Welt, ich habe verletzt, ich habe gefrevelt und ich habe willentlich gesündigt vor Deinen Augen.

Jehj razon milfanejcha, schetimchol utislach ufechaper li al kol-ma- schechatati, uscheawiti, uschepaschati lefanejcha, mijom scheniwreti ad hajom hase.

Möge es Dein Wille sein, dass Du die Schuld von mir nimmst, mir vergibst und für mich wiedergutmachst, wo ich verletzt habe, wo ich gefrevelt und willentlich gesündigt habe vor Deinen Augen, vom Tag meiner Erschaffung bis zu diesem Tag.

Vejehi razon milfanejcha Adonai Elohejnu velohai awotejnu, schetasmin parnasatejnu umesonotejnu li velechol-anschej wejti hajom uwechol-jom vajom berewach velo bezimzum, bechawod welo bewisui, benachat velo bezaad, velo eztarech lematnot basar veram, velo lidej halewaatam, ela mijadecha harchawa hapetucha vehamelea, bischut schimcha hagadol hamemune al haparnasa.

Und möge es Dein Wille sein, Adonai, unser Gott, und Gott unserer Väter, dass Du unsere Existenz und unseren Lebensunterhalt unterstützt, für mich und für die Menschen, die zu meinem Haus gehören. Stehe uns bei heute und jeden Tag. Gib uns Deine Hilfe mit Fülle und nicht mit einem genau bemessenen Maß, lasse uns Ehre zukommen und nicht Schande, schenke uns Trost und nicht Kummer. Lasse uns nicht bedürftig sein und abhängig von Geschenken anderer Menschen, lasse uns auch nicht abhängig sein von Leihgaben, sondern nur von den Gaben Deiner großzügigen, geöffneten und gefüllten Hand, zur Ehre Deines großen Namens, der über alles Leben regiert.

BIRKAT HALEWANA
Die Mondsegnung

Dieses Gebet wird zur Segnung des neuen Mondes gesprochen. Als Mondsegen wird in manchen Gemeinden
außerdem Psalm 19 gebetet.

Der Mond hat eine besondere Bedeutung im Judentum,
denn er trägt zur Unterscheidung der Israeliten von anderen Völkern bei. Nicht die Sonne, sondern der Mond
ist die Grundlage des jüdischen Kalenders – weil in der
Tora steht, dass eben der Mond den Beginn eines neu-
en Monats anzeigt.

So heißt es im Talmud (Sukka 29a) zutreffend: die Israeliten rechnen nach dem Mond, die Völker der Welt
nach der Sonne.

Der Kreislauf des Mondes gilt als Symbol für die Erneu-
erung. Die hebräischen Wörter „Monat" (Chodesch) und
„neu" (chadasch) haben die gleichen Wurzeln.

Der Mond soll aber auch an die Geschichte Israels erinnern, in der sich Zeiten der Fülle und des Lichts mit
Zeiten der Leere und Finsternis abwechselten.

Birkat Halewana - Mondsegen

Jehi razon milfanejcha, Adonai Elohejnu velohej awotejnu, schetechadesch alejnu et hachodesch hase letowa veliwracha.

Möge es Dein Wille sein, Adonai, unser Gott und Gott unserer Väter, dass Du diesen Monat für uns weihst, dass er uns Gutes und Segen bringt.

Vetiten lanu chajim arukim, chajim schel schalom, chajim schel towa, chajim schel beracha, chajim schel parnasa, chajim schel chiluz azamot, chajim schejesch bahem irat schamajim vejrat chete, chajim sche-ejn bahem buscha uchlima, chajim schel jscher vechawod, chajim schetehe wanu ahawat tora vejrat schamajim, chaijm schejmal-umischalot libenu letowa.

Und mögest Du uns ein langes Leben schenken, ein Leben in Frieden, ein Leben im Guten, ein Leben in Segnung, ein Leben mit allem, was wir zum Leben benötigen, ein Leben in körperlicher Gesundheit, ein Leben in Gottesfurcht und in Furcht vor der Sünde, ein Leben, in dem es keine Schande und Demütigung gibt, ein Leben in Wohlstand und Ehre, ein Leben, das uns Liebe zur Tora und Furcht vor den Himmeln lehrt, ein Leben, in dem das Verlangen unseres Herzens nach dem Guten erfüllt wird.

Amen, sela.

KADDISCH

Das Kaddischgebet ist zwar allgemein als Gebet für Verstorbene bekannt, wird aber auch zu vielen anderen Anlässen gesprochen. Es gibt verschiedene Varianten des Kaddischs, die Grundform jedoch ist praktisch identisch.

Das Kaddischgebet gehört zu den ältesten Gebeten im Judentum. Seine Originalsprache ist nicht Hebräisch, sondern Aramäisch, weshalb manche Gelehrte vermuten, dass es einst im Exil in Babylonien entstanden ist.

Obwohl Kaddisch als Gebet der Trauernden bekannt und es Sitte ist, dass Kinder diese Verse für ihre verstorbenen Eltern sprechen, handelt es sich inhaltlich um ein reines Lobpreisgebet. Das Thema Tod taucht darin nicht auf, es gibt keine Fürbitte oder eine sonstige Bezugnahme auf Verstorbene.

Durch das Kaddisch-Sprechen stellt der Trauernde jedoch klar: trotz des gegenwärtigen Leides ist das Handeln Gottes gerecht.

Dazu passt die Geschichte, die über eine Jüdin erzählt wird, die während der Inquisition in Spanien im Jahr 1478 zusehen musste, wie ihre ganze Familie ermordet wurde. Mit Schmerz und Trauer lief sie zur Synagoge, um dort zu Gott zu rufen: „Gott, Du hast mir alles genommen, meinen geliebten Mann, meine Söhne, meine Töchter. Aber eines kannst nicht einmal Du mir nehmen: Meine Liebe zu Dir und meinen Glauben an Dich."

Kaddisch ist eine innige, ja beinahe trotzige Demonstration des Vertrauens an und zu Gott, ein öffentliches Bekenntnis zum Glauben an IHN, trotz Kummer und Schmerz.

So wie Hiob sprach angesichts seines Unglücks: „Der Herr hat gegeben. Der Herr hat genommen. Gelobt sei der Name des Herrn!".

Kaddisch

*E*rhoben und geheiligt ist sein großer Name!

Er ist erhoben und geheiligt in der Welt, die von ihm erschaffen wurde nach seinem Willen. Sein Königreich soll herrschen in Eurem Leben, in Euren Tagen und im Leben des ganzen Volkes Israel. Sein Königreich soll in Bälde und in naher Zukunft schon über uns herrschen. Sprecht dazu: „Amen", so sei es!

Sein großer Name sei gepriesen von Ewigkeit zu Ewigkeit, für alle Zeit.

Gepriesen sei er. Er sei gerühmt. Er sei verherrlicht. Er sei erhoben und erhöht.

Der Name des Heiligen sei gefeiert, hocherhoben und gepriesen. Der Name des Heiligen sei hoch gelobt über jedem Lobpreis und Gesang, über alle Verherrlichung und Trostverheißung, die je in der Welt gesprochen wurde.

Sprecht dazu: „Amen", so sei es!

Möge die Fülle des himmlischen Friedens und Leben auf uns liegen und auf ganz Israel.

Sprecht dazu: „Amen", so sei es!

Der Frieden schafft in seinem Himmelreich, der schaffe auch Frieden für uns und für ganz Israel.

Sprecht dazu: „Amen", so sei es!

Kaddisch

Jitgadal wejtkadasch schemej raba.

Erhoben und geheiligt werde sein großer Name.

Bealma ri wera chirutej.

In der Welt, die von ihm erschaffen wurde nach seinem Willen.

Vejamlich malchutej.

Und es soll herrschen sein Königreich.

Be-chaje echon u-ve-jom echon u-ve-chajeji de-chol bet Israel.

In Eurem Leben und in Euren Tagen und im Leben des ganzen Hauses Israel.

Ba-agala u-wi-sman kariw.

Schnell und in naher Zeit.

Ve-imru amen.

Und sprecht „Amen".

Jehej schemej raba mewarach le-olam ul-almaj almaja.

Es sei gepriesen sein großer Name in Ewigkeit und in Ewigkeit der Ewigkeiten.

Jitbarach. Ve-jschtabach. Ve-jtpa-ar. Ve-jtromam. Ve-jtnase. Ve-jthadar. Ve-jtale. Ve-jthalal schemej dkudscha berich hu. Le-ela min kol birchata. Schirata. Tischbechata ve-nechemata. Da-amjran be-alma ve-imru amen.

Gesegnet sei er. Und gerühmt. Und verherrlicht. Und erhoben. Und erhöht. Und gefeiert. Und hocherhoben. Und gepriesen, der Name des Heiligen, gelobt sei er. Hoch über jedem Lob und Gesang, Verherrlichung und Trostverheißung, die je in der Welt gesprochen wurde, sprecht: Amen.

Je-hi schelama raba min schmaja, vechjim aleinu ve-al kol Israel ve-imru: amen.

Möge Fülle des Friedens vom Himmel und Leben über uns sein und über ganz Israel und sprecht: Amen.

Ose schalom bimeromav, hu berachama ja-ase
schalom alejnu, ve-al kol Israel ve-imru amen.

*Der Frieden schafft in seinem Himmelsreich, er schaffe
Frieden über uns und ganz Israel und sprecht: Amen.*

Amen!

Für meine Kinder und für meine Eltern. Danke für Eure Liebe, die mein Leben reich macht.